Helmut und Renate Grünert

Pilze

Erkennen & bestimmen

Herausgegeben von Gunter Steinbach
Illustriert von Steffen Walentowitz
und Fritz Wendler

Mosaik

Inhalt

Satanspilze

Bild links: Schwefelporling

Angaben zum Speisewert der Pilze in diesem Band:

essbar   Essbarer Pilz, nach heutiger Auffassung verursacht
sein Genuss keine gesundheitlichen Schäden.

bedingt essbar   Genießbarer Pilz, aber von geringer Speisequalität.

ungenießbar   Ungenießbarer Pilz, ohne Speisewert, Geruch oder
Geschmack unangenehm.

giftig   Giftiger Pilz, verursacht mehr oder weniger starke
Verdauungsbeschwerden oder Vergiftungen.

giftig!   Sehr giftiger Pilz, verursacht schwere Vergiftungen,
unter Umständen mit tödlichem Ausgang.

Zum Buch

Erst in jüngster Zeit ordnen Wissenschaftler die Pilze einem eigenständigen Naturreich zu – neben den Pflanzen und den Tieren. Anders als Pflanzen verfügen Pilze über kein Blattgrün. Sie können deshalb keine organischen Verbindungen aus Luft, Wasser und Mineralien durch Photosynthese aufbauen. Das macht sie wie die Tiere abhängig von anderen Organismen, deren Stoffe ihnen als Nahrung dienen.

Was wir landläufig als »Pilze« bezeichnen, sind lediglich die Fruchtkörper der so genannten Großpilze, die vom eigentlichen Pilzorganismus, dem Myzel, gebildet werden. Ausreichende Niederschläge und geeignete Temperaturen begünstigen ihr Wachstum.

Besonders der Wald mit seinem hohen Anteil an organischen Stoffen, wie Totholz über und auf der Erde, mit seiner Streuschicht aus abgefallenen Blättern, Nadeln und anderen organischen Resten über lockerem Humus,

Der Große Bluthelmling (Mycena haematopus) wächst auf am Boden liegenden Laubholzästen. (Weitere Helmlinge ⇨S.84)

Selbst stark versäuerte Böden in lichtarmen Monokulturen der Fichte werden vom Ockertäubling (⇨S.136) besiedelt.

der von lebenden und abgestorbenen Wurzeln durchzogen wird, bildet den bevorzugten Lebensraum der Pilze. Das verbreitete Interesse an ihnen wird durch kulinarische Reize geweckt, aber durch Angst vor Vergiftungen gedämpft! Neben den wichtigsten europäischen Speisepilzen enthält der vorliegende Band deshalb die häufigsten und gefährlichsten Giftpilze, darüber hinaus eine Reihe z.T. seltener, aber gut bestimmbarer Arten als Beispiele für den Formen- und Farbenreichtum der Großpilze, von denen manche auch recht klein sind.

Hauptursache für den gebietsweise starken Rückgang von Pilzen sind die von Menschen verursachten Umweltbelastungen, etwa die Versäuerung unserer Waldböden. Dagegen schadet nach heutigem Wissen das sachgemäße Sammeln von Speisepilzen für den persönlichen Gebrauch dem Bestand einer Art nicht.

Das Erscheinungsbild der Pilze ist nach Standort und Alter sehr veränderlich. Deshalb sollte neben dem Bild immer auch der Text zu möglichst sicherer Artbestimmung herangezogen werden.   *Gunter Steinbach*

Einführung

Wer mit offenen Augen durch Wald und Flur streift, kann das ganze Jahr über auf Pilze stoßen. Das mitunter rasche Erscheinen der nur wenige Millimeter bis über einen halben Meter großen Fruchtkörper regte von jeher die Phantasie der Menschen an. Bis weit nach dem Mittelalter sollten Blitz und Donner, sogar der Teufel mit im Spiel gewesen sein. Die vielgestaltigen, teilweise bizarren, farbenfrohen oder schnell vergänglichen Gebilde werden in der Umgangssprache Großpilze (Makromyceten) genannt.

Pilze dienen nicht nur Schnecken, Insektenlarven und Säugetieren, sondern wohl schon seit jeher auch den Menschen als Nahrung. Bereits in der Steinzeit wurden Pilze zum Entfachen und Transport von Feuer (Echter Zunderschwamm ⇨ S.162) oder als blutstillendes Mittel verwendet. Seit dieser Zeit ist auch die halluzinogene oder berauschende Wirkung mancher Arten bekannt (siehe dazu auch Roter Fliegenpilz ⇨ S.96). Die Bauern mussten während der Feudalzeit Steinpilze sammeln und als eine Art Steuerschuld an ihre Dienstherren, Adelige und Fürsten, abliefern. Der Name »Herrenpilz« für den Steinpilz wird so verständlich. In der heutigen Zeit ist das Suchen, Finden und Bestimmen wild wachsender Pilze für viele Erwachsene und Kinder ein Erlebnis. Die

Sehr begehrt: der Fichtensteinpilz (⇨ S.28)

nähere Beschäftigung mit Pilzen fördert das Verständnis für ökologische Zusammenhänge in der Natur.

In Europa gibt es kaum noch Gebiete, die nicht mit Umweltgiften oder radioaktivem Cäsium belastet sind. Trotzdem können nach heutigem Wissensstand (2001) frische Speisepilze gegessen werden. Von täglichem und massenhaftem Pilzgenuss ist jedoch aus mehreren Gründen abzuraten.

Pilze als Abfallbeseitiger

Pilze erfüllen im Haushalt der Natur eine wichtige Rolle als unverzichtbare Zersetzer. Sie beteiligen sich maßgeblich am Ab- und Umbau toter und lebender Organismen. In keiner Klimazone der Erde gibt es Wälder ohne Pilze, denn sie sind die einzigen vielzelligen Organismen, die totes Holz abbauen können. Selbst im Verdauungstrakt der Holzwürmer erfüllen sie diesen Dienst. Wälder müssten ohne das für uns großenteils unsichtbare Heer pilzlicher Zersetzer an ihrer eigenen Biomasse ersticken.

Fäulnisbewohner, Parasiten und Mykorrhizapilze

Es gibt kaum ein totes organisches Substrat, das nicht über kurz oder lang von dem Myzel einer Pilzart durchzogen und abgebaut wird. Einige dieser Fäulnisbewohner (Saprophyten) haben sich eng spezialisiert und besiedeln z.B. Brandstellen, wie der Violette Brandbecherling (⇨S.180).

Bovist (⇨ S.172) entlässt sein Sporenpulver.

Es gibt aber auch Pilze, die sich zu Parasiten entwickeln und auf Kosten eines Wirtes leben, d.h. ihm Nährstoffe entziehen, ohne ihn so zu schwächen, dass er nicht überlebt. Andere Parasiten bringen ihren Wirt zum Absterben und leben von seinen Resten. Der Dunkle Hallimasch (⇨S.78) ist solch ein von Forstleuten gefürchteter Pilz.

Für das Ökosystem Wald sind die so genannten Symbiose- oder Mykorrhizapilze unverzichtbare Partner. In der Evolution entwickelten sie sich auf nährstoffarmen Standorten.

Grundsätzlich bezieht der Pilzpartner energiereiche Stoffe, z.B. Zucker, aus den Wurzeln der Pflanzen. Im Gegenzug unterstützt das Myzel, das sich innig mit den feinen Wurzelhärchen der Pflanzen verbindet, mit seinem weit verzweigten Fadengeflecht die Versorgung des Partners mit Wasser und Nährsalzen. Viele unserer Großpilze leben in solcher Abhängigkeit und bilden Lebensgemeinschaften mit Bäumen. Einige Arten sind streng an bestimmte Baumarten gebunden, wie z.B. der Birkenpilz (⇨S.32).

Biologie, Vermehrung und Systematik

Pilze bestehen aus lang gestreckten oder rundlichen, miteinander verbundenen, ein- oder mehrkernigen Zellen (Hyphen). Die Zellwände der Großpilze werden hauptsächlich aus Chitin gebildet. Chitin ist ein Baustoff der festen Körperhüllen von Insekten, aber kein Baustoff der grünen Pflanzen.

Myzelien können sich vegetativ über große Flächen ausbreiten, so lange ihnen geeignete Nahrung zur Verfügung steht. Andererseits verbreiten sie sich über Sporen, die in besonderen Zellen (⇨S.8) ihrer Fruchtkörper gebildet werden.

Die verschiedenartigsten Pilze wurden früher in einem »künstlichen System« nach makroskopischen Merkmalen eingeteilt. In neuerer Zeit versucht man, die Verwandtschaften nach biologischen Gesichtspunkten zu ordnen. Erkenntnisse des »natürlichen Systems« sind Änderungen unterworfen. Deshalb können sich auch die wissenschaftlichen Namen ändern und bisher gültige zu Synonymen verdrängen.

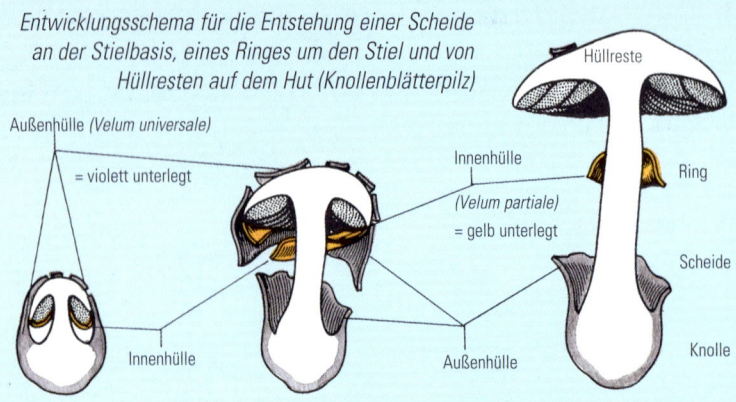

Entwicklungsschema für die Entstehung einer Scheide an der Stielbasis, eines Ringes um den Stiel und von Hüllresten auf dem Hut (Knollenblätterpilz)

Außenhülle *(Velum universale)*

= violett unterlegt

Innenhülle

Hüllreste

Innenhülle

(Velum partiale)
= gelb unterlegt

Ring

Scheide

Außenhülle

Knolle

Ständer- und Schlauchpilze

Die Großpilze werden in zwei große Klassen eingeteilt: Ständerpilze (*Basidiomyceten*) und Schlauchpilze (*Ascomyceten*). Diese Bezeichnungen weisen nicht etwa auf die Form der sichtbaren Fruchtkörper hin. Vielmehr bilden die einen (⇨S.10-173) ihre Sporen an ständer- bzw. stielartigen Auswüchsen keulenförmiger Zellen (*Basidien*) aus, die anderen (⇨S.174-184 o.) in schlauchförmigen Zellen (*Asci*). Diese mikroskopisch kleinen Fortpflanzungszellen (Bild unten) entstehen in der Fruchtschicht der Pilze.

Pilzstandorte

Für die Entwicklung einer Pilzflora sind die klimatischen Bedingungen, die sich aus der geographischen Lage und der Höhenstufe ergeben, von grundsätzlicher Bedeutung. Des Weiteren bilden den Untergrund – ob sauer, neutral oder kalkhaltig –, die Pflanzengesellschaften, die Bodenbedeckung und das Kleinklima eines Standorts wesentliche Faktoren für das Wachstum der Pilze. Das erklärt, warum bestimmte Pilzarten in manchen Gegenden gar nicht oder nur selten zu finden sind.

Basidie (links) der Ständerpilze und Schläuche (rechts) der Schlauchpilze

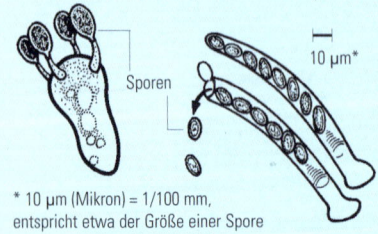

Sporen

10 μm*

* 10 μm (Mikron) = 1/100 mm,
entspricht etwa der Größe einer Spore

Pilze sammeln

Eine Plastiktüte eignet sich schlecht als Sammelbehälter. In ihr kann die von den Pilzen abgegebene Feuchtigkeit nicht verdunsten. Wärmestau beschleunigt die Zersetzung, übereinander liegende Pilze werden schneller zerdrückt. Ein ungefütterter, geräumiger Korb erfüllt den Zweck am besten.

Tipps zum Sammeln unbekannter Pilze

1 Sorgfältige Pilzbestimmung erfordert Zeit – und ein Bestimmungsbuch.

2 Pilze nicht abschneiden, sondern den vollständigen Fruchtkörper durch kurze Drehung vorsichtig entnehmen. Anschließend die Entnahmestelle mit Erde oder Laub zudecken.

3 Zur Bestimmung nur einige Exemplare (junge und ältere) entnehmen.

4 Alte, verfaulte, verschimmelte Pilze stehen lassen.

5 Pilze vorsichtig behandeln, unnötiges Anfassen vermeiden. Wichtige Merkmale können sonst unkenntlich werden.

6 Fundnotizen über den Standort, z.B. die Baumart(en), sind für eine spätere Bestimmung sehr hilfreich.

7 Unbekannte Pilze von Speisepilzen getrennt transportieren.

Sieben hilfreiche Grundmerkmale

1 Die Beschaffenheit des Hutes (siehe Zeichnungen unten).

2 Die Fruchtschicht, z.B. aus Röhren oder Lamellen, gibt Auskunft über die Zugehörigkeit zu einer Pilzgruppe. Bei den Hutpilzen befindet sie sich auf der Hutunterseite.

3 Es ist zu unterscheiden, ob und wie die Lamellen am Stiel angewachsen sind. Sind sie eng- oder weitstehend oder mit kürzeren Lamelletten untermischt? (Zeichnungen unten)

4 Wie ist die Farbe der Lamellen?

5 Ist der Stiel glatt oder besitzt er einen häutigen Ring oder nur eine faserige Ringzone?

6 Ist die Stielbasis knollig und/oder von einer Scheide umgeben?

7 Bei einigen Arten hilft die Sporenpulverfarbe beim Bestimmen.

Huthaut: links felderig aufgesprungen, Mitte faserschuppig, rechts mit Warzen oder Hüllresten behaftet

Lamellen: 1 frei, 2 angewachsen, 3 ausgebuchtet, 4 herablaufend, 5 weit stehend, mit kürzeren Zwischenlamellen untermischt, 6 eng stehend

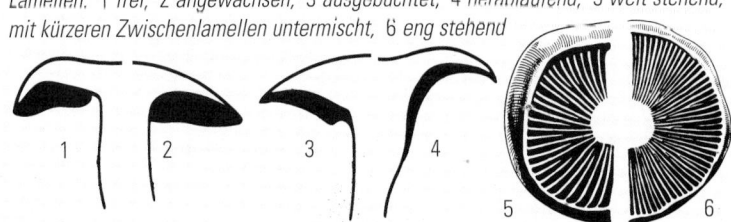

Röhrlinge

Die in Europa über 100 bekannten
Röhrlinge gehören zu den Ständerpilzen (⇨ S. 8) und werden in etwa
20 Gattungen zusammengefasst.
Sie sind in aller Regel an ihrer
schwammartig ausgebildeten Hutunterseite erkennbar. Diese Fruchtschicht setzt sich aus vielen einzelnen, dichtstehenden Röhrchen zusammen. Die Sporen tragenden
Fortpflanzungsorgane sitzen auf
den Innenflächen dieser Röhrchen.
Jung sind die Röhren sehr eng, mit
zunehmender Reife öffnen sie sich
und ihre Poren erscheinen dann
weit, rundlich bis eckig. Je nach
Pilzart können die Poren anders gefärbt sein als die Röhren selbst, sei
es weiß, gelb bis grünlich, rosa, rot
oder bräunlich. Beim Satanspilz
(⇨ S. 24) zeigen sie sich beispielsweise kräftig rot, bei den Steinpilzen (⇨ S. 28-30) weiß bis gelbgrünlich. Das Fleisch einiger Röhrlinge
kann bei Verletzung röten oder sich
blau verfärben.
Sämtliche Röhrlingsarten sind
Mykorrhizapilze, einige von ihnen
in ihrem Vorkommen streng an eine
bestimmte Baumart gebunden, so
etwa der Birkenpilz (⇨ S. 32). Unter
den Röhrlingen gibt es neben guten
Speisepilzen auch giftige Arten wie
z.B. den Satanspilz sowie eine ganze Anzahl von ungenießbaren wie
den Gallenröhrling (⇨ S. 32).

Netzstieliger Hexenröhrling

Strubbelkopf *Strobilomyces strobilaceus* bedingt essbar

Merkmale: <u>Hut</u> bis 10 (15) cm breit, jung halbkugelig, älter polsterförmig, weichfleischig, mit einer grau- bis schwarzbraunen Schicht überzogen, die im Lauf des Wachstums zerreißt und sich in dicke, abstehende Schuppen auflöst; Hutrand eingerollt und zunächst mit dem Stiel durch einen weißlich braungrauen, wollig-flockigen Schleier verbunden, der später noch am Hutrand und am Stiel als wollig-flockige Ringzone erkennbar ist. <u>Poren</u> eckig, bei jungen Exemplaren weißlich grau, dann grau, noch später dunkelbraun und weit, Druckstellen färben sich zunächst rötlich, dann schwarz; Röhren am Stiel nur kurz angewachsen und etwas herablaufend, wie die Poren gefärbt. <u>Stiel</u> 8–15 cm lang, 1–3 cm dick, relativ schlank, hart; faserig-strubbelig; schmutzig dunkelgraubraun gefärbt. <u>Fleisch</u> grauweißlich, verfärbt sich am Anschnitt zuerst rötlich, mit der Zeit grau, dann schwarz; Geruch säuerlich, erdig.
Speisewert: Bedingt essbar. Der Pilz schmeckt etwas unangenehm säuerlich.

Vorkommen: Mykorrhizapilz von Laub- und Nadelbäumen, auf neutralen bis leicht sauren Böden, meist einzeln. Er ist in M.-EU weit verbreitet, im Flachland selten, in montanen Lagen manchmal aber örtlich häufig auftretend. VII–X.
Wissenswertes: Der S. stellt in M.-EU den einzigen Vertreter seiner Gattung dar, in Zentralafrika kommen weitere Arten vor.

Verwandt: Der etwa gleich große **Düstere Röhrling** *Porphyrellus porphyrosporus* ist besonders in Bergnadelwäldern zu finden; **ungenießbar**, sein Fleisch ist bitter. VI–X.

Hasenröhrling *Gyroporus castaneus* essbar

Merkmale: <u>Hut</u> bis zu 10 cm breit, jung halbkugelig, älter polsterförmig bis abgeflacht, dickfleischig, Hutrand bei älteren Exemplaren manchmal nach oben gebogen, trocken, matt, angedrückt filzig, wildlederartig erscheinend, gelbbraun bis dunkel zimtbraun. <u>Poren</u> zuerst eng, später weiter, jung weiß, älter strohgelblich; Röhren am Stiel nur kurz angewachsen bis fast frei, wie die Poren gefärbt. <u>Stiel</u> 4–8 cm lang, 1–2,5 cm dick, konisch bis keulig, feinfilzig oder glatt, kammerartig hohl, hart berindet, brüchig, wie der Hut gefärbt. <u>Fleisch</u> weiß; Geruch und Geschmack unbedeutend.

Speisewert: Essbar, aber möglicherweise individuell unverträglich; schonenswert!
Vorkommen: Mykorrhizapilz verschiedener Bäume; wächst gern in wärmebegünstigten Laubwäldern, unter Eichen, Buchen, Hainbuchen oder Edelkastanien, auf neutralen bis schwach sauren Böden, aber auch in Nadelwäldern, unter Kiefern. In EU weit verbreitet, in manchen Gebieten allerdings selten bis fehlend. VII–IX. **RL**
Wissenswertes: Der H. ist in S-EU im Falllaub unter Esskastanien häufiger anzutreffen, dort aber oft nur schwer zu entdecken.

Schneidet man einen Hasenröhrling an, bildet das weiße Hut- und Stielfleisch einen deutlichen Kontrast zum braun berindeten Stiel. Außerdem ist der im Inneren gekammert erscheinende und watteartig ausgefüllte Stiel ein wichtiges Erkennungsmerkmal dieser Art.

Ähnlich: Der Hut und Stiel des **Kornblumenröhrlings** *Gyroporus cyanescens* sind heller ockergelblich gefärbt, außerdem verfärbt sich das weiße Fleisch am Anschnitt sofort intensiv blau. Die weißen bis hellgelben Poren und Röhren der Hutunterseite werden auf Druck ebenfalls blau. Die seltene Art ist unter Laub- und Nadelbäumen, gern unter Kiefern auf sandigen Böden zu finden; **essbar**. VII–IX. **RL**

Hohlfuß-Schuppenröhrling
Boletinus cavipes　　　　　　　　**essbar**

Merkmale: <u>Hut</u> bis 10 (20) cm breit, filzig-schuppig, trocken, gelbbraun bis rostbraun (goldgelb bei var. *aureus*, siehe oberes Bild), jung mit dem Stiel durch ein häutiges, weißliches Velum verbunden, das später am Stiel als flockige Ringzone erkennbar ist. <u>Poren</u> sehr weit, stark länglich, fast lamellenartig mit niederen Querwänden, jung gelb, später gelbgrünlich; Röhren kurz, etwas herablaufend, wie die Poren gefärbt. <u>Stiel</u> hohl, dick berindet, oberhalb der Ringzone gelb, darunter fein braunschuppig. <u>Fleisch</u> weißgelblich; Geruch und Geschmack unauffällig.

Speisewert: Mittelmäßiger Speisepilz.

Vorkommen: Mykorrhizapilz der Lärche, vorwiegend in montanen bis subalpinen Lagen zu finden; in M.-EU weit verbreitet. VII-X.

Ähnlich: Der aus Amerika eingeschleppte **Douglasienröhrling** *Suillus lakei* hat einen pinselartig schuppigen, eher leicht schmierigen Hut und einen vollfleischigen Stiel; **essbar**.

Goldgelber Lärchenröhrling
Suillus grevillei　　　　　　　　**essbar**

Merkmale: <u>Hut</u> bis zu 10 cm breit, feucht schleimig- schmierig, trocken kahl und glänzend, hellgelb bis gelbbraun, oft mit dunklerer Mitte, jung durch ein gelbliches Velum mit dem Stiel verbunden, das später als Ringzone erkennbar ist. <u>Poren</u> eng, bei älteren Pilzen weiter und unregelmäßig verzogen; zunächst gelb, später gelbbraun; Röhren angewachsen, etwas herablaufend. <u>Stiel</u> gelblich, braunfaserig, mit wulstig-kantiger, außen schmieriger Ringzone, die bei Trockenheit manchmal verkümmert. <u>Fleisch</u> weich, oft durchfeuchtet, gelb; Geruch fruchtartig, Geschmack säuerlich.

Speisewert: Nur für Mischgerichte geeignet.

Vorkommen: Mykorrhizapilz der Lärche; in M.-EU weit verbreitet, aber vorwiegend in montanen bis subalpinen Lagen. VII-X.

Wissenswertes: Die Lärchenröhrlinge sind im natürlichen Verbreitungsareal der Lärche zu finden. Mit den Anpflanzungen dieser Bäume im Flachland kann man sie nun auch dort antreffen.

Grauer Lärchenröhrling
Suillus viscidus　　　　　　　　**essbar**

Merkmale: <u>Hut</u> bis 10 cm breit, feucht schleimig-schmierig, trocken kahl und matt, grau bis olivgrau, Hutrand jung durch ein grauweißliches Velum mit dem Stiel verbunden, das später als Ringzone erkennbar ist. <u>Poren</u> eng, älter weiter, grau, später graubräunlich; Röhren angewachsen. <u>Stiel</u> mit mehr oder weniger ausgeprägter Ringzone, etwas blasser als der Hut gefärbt. <u>Fleisch</u> weiß bis blassgrau, im Anschnitt manchmal etwas graugrün oder blaugrün verfärbend; Geruch fruchtartig, Geschmack säuerlich.

Speisewert: Nicht besonders schmackhaft, nur für Mischgerichte geeignet. Einzelgerichte aus dieser Pilzart sind sehr schleimig.

Vorkommen: Mykorrhizapilz der Lärche auf kalkhaltigen Böden. Der G.L. wächst einzeln bis gesellig, ist weit verbreitet, aber vorwiegend in montanen bis subalpinen Lagen zu finden. VII-X.

Wissenswertes: Der G.L. (lat. auch *S. aeruginascens*) kann aufgrund seiner grauen Farben und seines Standorts unter Lärchen eigentlich nicht mit anderen Röhrlingen verwechselt werden.

Rostroter Lärchenröhrling
Suillus tridentinus　　　　　　　　**essbar**

Merkmale: <u>Hut</u> bis etwa 8 cm breit, feucht etwas schleimig-schmierig, trocken matt, schön rostorange gefärbt, Hutrand jung durch ein blasses, häutiges Velum mit dem Stiel verbunden, das später als Ringzone erkennbar ist. <u>Poren</u> relativ weit, eckig, orangegelb oder orangerot bis rostbraun; Röhren angewachsen bis herablaufend. <u>Stiel</u> mit mehr oder weniger ausgeprägter Ringzone, ein wenig blasser als der Hut gefärbt, dunkler filzig punktiert. <u>Fleisch</u> weißgelb bis gelborange; weich, häufig durchwässert; Geruch leicht fruchtartig, Geschmack säuerlich.

Speisewert: Nicht besonders schmackhaft.

Vorkommen: Mykorrhizapilz der Lärche auf kalkhaltigen Böden. Der R.L. wächst einzeln bis gesellig und ist vorwiegend in montanen bis subalpinen Lagen zu finden. VII-X.

Wissenswertes: Die artenreiche Gattung der Schleimröhrlinge *Suillus* ist durch einen bei Feuchtigkeit schleimigen oder aber faserig-schuppigen Hut (dann mit einer gelatinösen Schicht darunter) gekennzeichnet. Die Röhren sind leicht ablösbar.

Butterpilz
Suillus luteus essbar

Merkmale: <u>Hut</u> bis zu 13 cm breit, bei Feuchtigkeit schleimig, schmierig, eingewachsen faserig, trocken glänzend, hell bis dunkelbraun. <u>Poren</u> und Röhren jung sehr eng, gelblich, älter olivgelb, oft mit milchigen Tröpfchen besetzt. <u>Stiel</u> weißgelblich, oben dunkler punktiert, unterhalb des häutigen Rings bräunlich violett. <u>Fleisch</u> weißgelblich.
Speisewert: Möglicherweise individuell unverträglich, mit allergischen Reaktionen.
Vorkommen: Mykorrhizapilz der Kiefern auf sandigen, nährstoffarmen Böden, meidet Kalk. Weit verbreitet und örtlich sehr häufig. VII-X.

Ringloser Butterpilz
Suillus collinitus essbar

Merkmale: <u>Hut</u> bis zu 15 cm breit, feucht etwas schleimig, schmierig, eingewachsen faserig, dunkelbraun. <u>Poren</u> und Röhren relativ weit, gelb, älter olivgelb, selten mit milchigen Tröpfchen besetzt. <u>Stiel</u> gelblich, dunkler punktiert, Basis rosa gefärbt. <u>Fleisch</u> weich, gelb, in der Stielbasis blass bräunlich rosa; Geruch säuerlich.
Speisewert: Essbar, aber nicht sehr schmackhaft.
Vorkommen: Mykorrhizapilz von Kiefern auf kalkhaltigen Böden. In EU weit verbreitet, nur im N fehlend; südlich der Alpen in Kiefernpflanzungen eine sehr häufige Art. VII-XI.

Weißbrauner Kiefernröhrling
Suillus bellini essbar

Merkmale: <u>Hut</u> bis 8 (12) cm breit, feucht stark schleimig, schmierig, jung weißlich, später bräunlich fleckig, in der Mitte fast kastanienbraun. <u>Poren</u> eng, cremegelblich, älter etwas oliv getönt; Röhren kurz, ockergelblich. <u>Stiel</u> kurz, auf weißlichem Grund braunrötlich punktiert, Basis etwas gelblich. <u>Fleisch</u> weißgelb; Geruch angenehm.
Speisewert: Nur für Mischgerichte geeignet.
Vorkommen: Mykorrhizapilz von 2-nadeligen Kiefernarten. Im Mittelmeergebiet verbreitet. IX-XII.
Ähnlich: Der schmächtige, cremeweiße **Elfenbeinröhrling** *Suillus placidus* kommt nur unter 5-nadeligen Kiefern vor; **essbar**.

Körnchenröhrling
Suillus granulatus essbar

Merkmale: <u>Hut</u> bis 10 cm, feucht schmierig, glatt, gelbbraun bis rotbraun. <u>Poren</u> jung sehr eng, gelb, älter olivgelblich, jung mit milchigen Tröpfchen besetzt. <u>Stiel</u> gelb, Spitze weißlich, fein dunkel punktiert. <u>Fleisch</u> bei älteren Exemplaren weich, weißgelblich; Geruch leicht obstartig.
Speisewert: Möglicherweise individuell unverträglich, mit Magen- und Darmbeschwerden.
Vorkommen: Mykorrhizapilz von 2-nadeligen Kiefernarten auf kalkhaltigen Böden. VI-XI.
Ähnlich: Der **Zirbenröhrling** *Suillus plorans* ist durchwegs dunkler gefärbt und wächst nur unter 5-nadeligen Kiefern; **essbar**.

Kuhröhrling
Suillus bovinus essbar

Merkmale: <u>Hut</u> bis etwa 10 cm breit, feucht leicht schmierig, glatt, einheitlich ockerbraun bis orangebraun, Rand meist heller. <u>Poren</u> bei älteren Pilzen eckig weit, graugelblich, später rostbraun; Röhren gleichfarbig, am Stiel etwas herablaufend. <u>Stiel</u> schlank, glatt, blass ockerbraun. <u>Fleisch</u> blassgelb, sich am Anschnitt schwach rötlich verfärbend; Geruch und Geschmack angenehm.
Speisewert: Mäßiger Speisepilz, nur für Mischgerichte geeignet, wird beim Kochen schleimig.
Vorkommen: Mykorrhizapilz von Kiefern, auf sandig-moorigen Böden und Heiden, oft büschelig wachsend. In M.-EU weit verbreitet und örtlich ziemlich häufig. VII-XI.

Sandröhrling
Suillus variegatus essbar

Merkmale: <u>Hut</u> bis 12 (15) cm breit, gelbbraun bis orangeocker, mit gelblich olivgrauem, rauem Filz bedeckt, wirkt wie mit Sand bestreut, feucht nur wenig schmierig. <u>Poren</u> eng, rundlich bis eckig, schmutzig gelblich bis orangefarben, an Druckstellen schwach blau werdend; Röhren etwas heller gefärbt. <u>Stiel</u> heller als der Hut, oben sehr feinfilzig überzogen. <u>Fleisch</u> gelblich bis blass orangefarben, reagiert mehr oder weniger blau.
Speisewert: Mittelmäßiger Speisepilz.
Vorkommen: Mykorrhizapilz von Nadelbäumen, insbesondere von Kiefern, auf sandig-moorigen Böden und Heiden. In M.-EU weit verbreitet und stellenweise recht häufig. VII-XI.

Parasitischer Röhrling *Xerocomus parasiticus* **bedingt essbar**

Merkmale: <u>Hut</u> bis etwa 8 cm breit, gewölbt, polsterförmig, trocken feinfilzig, wildlederartig, mitunter rissig, blass gelbbraun bis hell olivbraun, manchmal bräunlich gefleckt. <u>Poren</u> nicht sehr weit, eckig, blassgelb bis ockergelblich, älter auch orangegelb. <u>Stiel</u> mehr oder weniger zylindrisch, an der Basis oft gebogen, Spitze oft fein bräunlich flockig, abwärts eingewachsen faserig, gelb bis gelbbraun. <u>Fleisch</u> weich, hell- bis zitronengelblich, selten blaugrün verfärbend; Geruch und Geschmack unbedeutend.

Speisewert: Bedingt essbar; wegen seiner Seltenheit schonenswert.

Vorkommen: Parasitisch auf Kartoffelbovisten (⇨ S.172), auf feuchten, sauren Böden, an Moorrändern oder auch direkt im Moor, in Heideflächen, zwischen Moospolstern, unter Laub- und Nadelbäumen, gern unter Birken und zwischen Heidelbeeren. Der P.R. ist in EU weit verbreitet, aber nicht häufig und vom Flachland bis in submontane Höhenstufen anzutreffen. VIII-XI. **RL**

Wissenswertes: Der P.R. ist der einzige Filzröhrling in EU, der meist büschelig auf Kartoffelbovisten parasitiert. Er kann schon deshalb kaum mit anderen Arten verwechselt werden. Bestimmungsprobleme können aber einzeln wachsende Fruchtkörper bereiten, die entfernt vom Kartoffelbovist auf dessen Myzelsträngen wachsen. Durch Trockenlegungen von Mooren ist dieser interessante Röhrling stellenweise gefährdet.

Der Stielansatz des Parasitischen Röhrlings an einem Kartoffelbovist ist hier besonders gut zu erkennen.

Maronenröhrling *Xerocomus badius* **essbar**

Merkmale: <u>Hut</u> bis 10 (15) cm breit, gewölbt, polsterförmig, trocken feinfilzig, wildlederartig, glatt, bei feuchtem Wetter etwas schmierig, hell rötlich braun bis dunkel kastanienbraun. <u>Poren</u> und Röhren jung eng, älter mäßig weit, eckig, blassgelb, älter olivgelblich bis schmutzig olivgrün, bei Berührung verfärben sie sich grünbläulich. <u>Stiel</u> bis zu 12 cm lang, schwach bauchig bis zylindrisch, 1-4 cm dick, gelblich braun, häufig dunkler eingewachsen längsfaserig, die Stielspitze oft gelblich und die Basis vom Myzel oft weißlich striegelig. <u>Fleisch</u> weißgelblich, unter der Huthaut etwas bräunlich, verfärbt sich am Anschnitt mehr oder weniger stark blau; Geruch unbedeutend und Geschmack mild.

Speisewert: Guter Speisepilz. Aufgrund seines mancherorts massenhaften Auftretens ist der M. auch ein ergiebiger Speisepilz, der sich zudem zum Trocknen eignet. Um Enttäuschungen daheim zu vermeiden empfiehlt sich ein Durchschneiden der Fruchtkörper bereits im Wald. Besonders in den warmen Sommermonaten wird der Pilz nämlich sehr gern von Larven befallen.

Vorkommen: Der M. wächst in Nadelwäldern, vor allem in sauren, moosigen Fichtenwäldern, seltener in reinen Laubwäldern. Er ist in EU weit verbreitet, mancherorts ein regelrechter Massenpilz, und vom Flachland bis in die montane Höhenstufe anzutreffen. VI-XI.

Wissenswertes: Dieser Filzröhrling gehört zu den Pilzarten, die radioaktives Cäsium in besonders hohen Mengen in ihre Zellen aufnehmen. Auf einen übermäßigen Genuss, d.h. mehr als ein reines Maronen-Gericht pro Woche, sollte daher aus gesundheitlichen Gründen verzichtet werden.

> *Ähnlich:* Der Maronenröhrling wird von Anfängern manchmal mit Steinpilzen (⇨ S.28) verwechselt. Diese haben jedoch eine Netzzeichnung am Stiel und verfärben sich an keinen Stellen blau. Verwechslungen mit der ebenfalls essbaren Ziegenlippe (⇨ S.20) oder dem essbaren Rotfußröhrling (⇨ S.20) sowie einem jungen, sehr bitter schmeckenden Gallenröhrling (⇨ S.32) sind ebenso möglich.

Ziegenlippe *Xerocomus subtomentosus* essbar

Merkmale: Hut bis 10 (12) cm breit, gewölbt, polsterförmig, feinfilzig, wildlederartig, trocken, mehr oder weniger oliv bis olivbraun, jung mit senfgelbem Reif überlagert, der sich später meist verliert. Poren und Röhren unregelmäßig rund oder eckig, älter weit, zunächst kräftig gelb, später bräunlich gelb bis grüngelb, auf Druck leicht bräunend. Stiel bis zu 10 cm lang, 1,5-2,5 cm dick, schwach bauchig bis zylindrisch, Basis bisweilen stumpf zugespitzt, meist einfarbig hellgelb, oben mit feinen rotbraunen Schüppchen besetzt, dabei fast netzartig, rippig bis liniert. Fleisch im Alter ziemlich weich, weißlich gelb; Geruch unbedeutend und Geschmack mild.

Speisewert: Guter Speisepilz, aber nur jung zu verwenden. Die Fruchtkörper der Ziegenlippe nehmen gern viel Feuchtigkeit auf und schimmeln bei warmer Witterung sehr schnell.

Vorkommen: Die Z. wächst vor allem in Laubwäldern, seltener auch in Nadelwäldern, aber ebenso in Parkanlagen und Gärten. Die Art hat in M.-EU eine weite Verbreitung und ist in nahezu allen Höhenlagen anzutreffen. VI-X.

Wissenswertes: Dieser Filzröhrling lässt sich nicht immer mit Sicherheit genau bestimmen, denn er ist überaus variabel. Verwechslungen sind mit dem nachstehenden Rotfußröhrling möglich, wenn dieser nur wenig Rottöne aufweist.

> *Ähnlich:* Der vornehmlich in Nadelwäldern vorkommende **Braune Filzröhrling** *Xerocomus ferrugineus* hat einen rötlich braunen Hut und an seinem Stiel ist ein gratiges, braunes Netz erkennbar. Manche Fachleute sehen in ihm aber auch nur eine Varietät der Ziegenlippe; **essbar.** VI-X.
>
> Der besonders in Fichtenwäldern vorkommende Maronenröhrling (⇨ S.18) ist dunkler, eher kastanienbraun gefärbt. Ihm fehlen die Olivtöne und seine Hutoberfläche fühlt sich etwas glatter an; außerdem hat er festeres Fleisch als die Ziegenlippe.

Rotfußröhrling *Xerocomus chrysenteron* essbar

Merkmale: Hut bis 10 (12) cm breit, gewölbt, polsterförmig, feinfilzig, wildlederartig, trocken, reißt bei Trockenheit oft typisch felderig auf, wobei die rötliche oberste Fleischschicht sichtbar wird, Oberfläche mehr oder weniger braun, gelbbräunlich, oft mit olivgrüner Tönung, manchmal fast schwarzbraun (kleines Foto). Poren und Röhren unregelmäßig rund oder eckig, älter weit, blassgelb bis kräftig gelb, später olivgelb bis grüngelb, auf Druck leicht blau verfärbend. Stiel bis zu 8 (10) cm lang, 1-2,5 cm dick, mehr oder weniger zylindrisch, auf gelblichem Grund meist kräftig rot oder rotbräunlich feinflockig überzogen, mit der Zeit verkahlend, Stielspitze oft gelblich abgesetzt. Fleisch weich, weiß bis gelblich, über den Röhren deutlich gelber, unter der Huthaut rötlich, am Anschnitt unterschiedlich stark blau anlaufend; Geruch und Geschmack leicht säuerlich.

Speisewert: Jung ein guter Speisepilz, älter schwammig; für Mischgerichte geeignet.

Vorkommen: Mykorrhizapilz verschiedener Bäume, der in Laub- und Nadelwäldern auf allen Arten von Böden wächst. Der R. ist in M.-EU weit verbreitet und kommt in sämtlichen Höhenlagen (bis etwa 1600 m) häufig vor. VI-XI.

Wissenswertes: Der R. zählt zu den Pilzarten mit äußerst variablem Erscheinungsbild. Zur Gattung der Filzröhrlinge *Xerocomus* zählen etwa 20 Arten mit filzigen, trockenen, nur in feuchtem Zustand etwas schmierigen Hüten. Oft ist eine sichere Bestimmung nur mithilfe eines Mikroskops möglich. Alle Filzröhrlinge sind jedoch mehr oder weniger gute Speisepilze.

Schwarzblauender Röhrling
Boletus pulverulentus essbar

Merkmale: Hut bis zu 8 (10) cm breit, schmutzig braun, haselbraun bis kastanienbraun, feinsamtig, matt bereift, später verkahlend, feucht leicht schmierig. Poren und Röhren relativ eng, zitronen- bis goldgelb, im Alter olivgelb, an Druckstellen sich sofort stark blau verfärbend. Stiel oben gelb, abwärts braunrot bis kräftig rot, sehr stark dunkelblau fleckend. Fleisch gelb, am Anschnitt sich sofort kräftig tintenblau, später schwarzblau verfärbend; Geruch und Geschmack mild, angenehm.
Speisewert: Essbar, aber kein besonders empfehlenswerter Speisepilz.
Vorkommen: Mykorrhizapilz von Laub- und Nadelbäumen, auf sauren bis basischen Böden, gern an feuchten Stellen, meist einzeln zwischen Moos und Gras. In M.-EU weit verbreitet, jedoch nicht sehr häufig. VII-X.
Wissenswertes: Diese Pilzart ist aufgrund der intensiven Blauverfärbung gut kenntlich und kaum mit anderen Pilzen zu verwechseln.

Pfefferröhrling
Boletus piperatus ungenießbar

Merkmale: Hut bis 6 (8) cm breit, kupferrotbraun, fuchsig ockerbraun, manchmal auch gelbbraun, in trockenem Zustand matt bis stumpf glänzend, feucht schmierig-klebrig. Poren und Röhren weit, schwach am Stiel herablaufend, orangebraun bis zimtrot. Stiel relativ schlank, gelblich kupferbraun, mit gelblicher Basis. Fleisch gelbrötlich, im Stiel schwefelgelb; Geschmack pfefferartig.
Speisewert: Unbekömmlich, brennend scharf.
Vorkommen: Mykorrhizapilz von Nadelbäumen, seltener auch von Laubbäumen, auf sauren Böden. In M.-EU weit verbreitet, häufig. VII-X.
Wissenswertes: Der P. ist aufgrund seines meist schmächtigen Wuchses und der kupfernen Farben leicht zu erkennen. Der **Falsche Pfefferröhrling** *Boletus amarellus* weist eine mehr rosafarbene Tönung auf, wächst unter Kiefern und ist hauptsächlich südlich der Alpen verbreitet. Früher wurden die 4 bekannten Pfefferröhrlinge in eine eigene Gattung *Chalciporus* gestellt.

Flockenstieliger Hexenröhrling *Boletus erythropus* essbar

Merkmale: Hut bis zu etwa 20 cm breit, gewölbt, polsterförmig, feinfilzig-samtig, etwas wildlederartig, trocken matt, nur bei Feuchtigkeit schwach schmierig, dunkel kastanienbraun, bisweilen mit olivgrünem Ton überhaucht und manchmal mit etwas hellerer Randzone. Poren jung sehr eng, rundlich, dunkelrot, an Druckstellen sich blau verfärbend; Röhren blass olivgelb, später olivgrünlich, ebenfalls auf Druck blau werdend. Stiel bis zu 15 cm lang, 2-4 cm dick, keulig-knollig, auf gelbem Grund dicht feinflockig, rötlich punktiert, an Druckstellen blau anlaufend. Fleisch fest, gelb bis sattgelb und feucht etwas marmoriert, am Anschnitt sofort blauschwarz anlaufend; Geruch angenehm und Geschmack mild.
Speisewert: Sehr guter Speisepilz, auch zum Trocknen gut geeignet.
Vorkommen: Mykorrhizapilz von Fichten und Tannen, seltener auch von Laubbäumen, bevorzugt saure, kalkfreie oder zumindest oberflächenversauerte Böden, vom Flachland bis in subalpine Höhenlagen anzutreffen. In M.-EU zwar weit verbreitet, aber nur gebietsweise häufig. V-IX.

Wissenswertes: Die kräftige Blauverfärbung des Fleisches, eine Reaktion mit dem Luftsauerstoff, führte zum Namen Hexenröhrling und erschreckt manche Speisepilzsammler. Eine Verfärbung des Fleisches gibt jedoch grundsätzlich keinen Hinweis auf die Genießbarkeit eines Pilzes.

Ähnlich: Der Netzstielige Hexenröhrling (⇨ S.24) unterscheidet sich vom F.H. durch seinen rot genetzten Stiel. Außerdem wächst er im Laubwald auf kalkhaltigen Böden.
Der **Glattstielige Hexenröhrling** *Boletus queletii* ist mehr gelboliv bis olivbraun, manchmal mit rötlichen Tönen. Sein Stiel ist oben gelblich, abwärts rötlich getönt und feinpunktiert bis glatt, die Poren sind jung gelborange bis rötlich. Das blass gelbliche, in der unteren Stielhälfte rötliche Fleisch verfärbt sich am Anschnitt mäßig schmutzig blau. Der G.H. bevorzugt wärmebegünstigte Eichen-Hainbuchenwälder auf Kalk und ist südlich der Alpen häufiger anzutreffen; **bedingt essbar**. VII-X. **RL**

Netzstieliger Hexenröhrling *Boletus luridus* essbar

Merkmale: Hut bis 20 (25) cm breit, gewölbt, filzig-samtig, trocken matt, nur bei Feuchtigkeit leicht schmierig, olivbräunlich, olivgelb bis fast ledergelblich, seltener mit rötlichen oder orangen Farben, bekommt bei Berührung dunkle Flecken. Poren jung gelblich, aber sehr bald rötlich überhaucht und schließlich lebhaft rot, an Druckstellen blau fleckend; Röhren blass olivgelb, später gelbgrün, grünblau anlaufend, mit charakteristischer roter Zone zwischen dem Röhrenboden und Hutfleisch (kleines Foto). Stiel bis zu 20 cm lang, 2-5 cm dick; auf hell- oder orangegelbem Grund mit einem erhabenen, langgestreckten, roten Netz überzogen, Basis karminrot, Druckstellen werden blau. Fleisch fest bis hart, zumindest in der Stielbasis und oft bis zur Spitze blassgelb, besonders in Larvenfraßgängen rot durchzogen, dort nicht so stark blau anlaufend wie in den übrigen Teilen; Geruch und Geschmack angenehm.

Speisewert: In rohem Zustand giftig; enthält offenbar thermolabile Giftstoffe, die beim Kochen zerstört werden. Von individuellen Unverträglichkeiten bei gleichzeitigem Alkoholgenuss wurde vereinzelt berichtet.

Vorkommen: Mykorrhizapilz von Laubbäumen, auf kalkhaltigen Böden, in Parkanlagen, an Straßenrändern, besonders an wärmebegünstigten Standorten. In M.-EU weit verbreitet und in manchen Gegenden häufig. V-IX.

Wissenswertes: Der N.H. kann mit anderen rotporigen Röhrlingen verwechselt werden, z.B. mit dem Flockenstieligen Hexenröhrling (⇨ S. 22), der aber auf sauren Böden vorkommt.

Satanspilz *Boletus satanas* giftig

Merkmale: Hut bis 25 cm breit, kompakt, gewölbt, polsterförmig, jung feinstfilzig-haarig, älter verkahlt, besonders in feuchtem Zustand etwas schmierig-klebrig, jung grauweißlich, schottersteinfarben, älter mehr ocker-lederfarben, mit schmutzig grauen Zonen, manchmal schwach rosa überhaucht. Poren nur bei ganz jungen Pilzen gelb, aber sehr bald rötlich überhaucht und schließlich lebhaft rot; Röhren blassgelb, schließlich grüngelb, schwach blaugrün anlaufend. Stiel kräftig, bis etwa 12 cm lang, knollig-bauchig, oft fast kugelig, 4-10 cm dick, im oberen Teil deutlich mit einem engmaschigen, roten Netz auf gelbem Grund überzogen, abwärts oft dunkel blutrot gefärbt. Fleisch bei älteren Pilzen relativ weich (der Hut lässt sich mit der Fingerkuppe leicht eindrücken), weißlich, im Stiel gelb bis hellocker, sich am Anschnitt nur mäßig blau verfärbend; Geruch bei jungen Pilzen schwach, bei älteren unangenehm nach nassen Lappen oder aasartig, Geschmack mild.

Speisewert: Besonders in rohem Zustand giftig, sein Genuss verursacht heftige Magen-Darmbeschwerden mit Erbrechen und Durchfällen.

Vorkommen: Mykorrhizapilz von Laubbäumen, vor allem unter alten Buchen auf kalkhaltigen Böden, in Parkanlagen, an Straßenrändern, insbesondere an wärmebegünstigten Standorten. In M.-EU nur vereinzelt vorkommend, mit deutlicher südlicher Tendenz. VIII-IX. RL

Wissenswertes: Der S. kann mit anderen rotporigen Röhrlingen verwechselt werden, z.B. mit dem Rosahütigen Röhrling *Boletus rhodoxanthus*, dessen Stiel ein durchgehendes, erhabenes, rotes Stielnetz auf gelben Grund und ein kräftig gelbes Fleisch aufweist; giftig.

Rote Poren kennzeichnen den Satanspilz.

Weißlicher Bitterröhrling
Boletus albidus **ungenießbar**

Merkmale: Hut bis zu 20 cm breit, schmutzig weiß-grau, feinfilzig, später verkahlend, feucht nur wenig schmierig. Poren und Röhren eng, zitronengelb, dann schmutzig gelb, blauend. Stiel an der Basis zugespitzt, hell- bis zitronengelb, mit gleichfarbenem Netz, bisweilen auch mit rötlichem Gürtel, blau fleckend. Fleisch weißlich bis gelblich, blauend; Geschmack sehr bitter.
Speisewert: Unbekömmlich, da stark bitter.
Vorkommen: Mykorrhizapilz von Laubbäumen, auf kalkhaltigen Böden. Der W.B. (auch *B. radicans*) ist weit verbreitet, aber relativ selten. VIII-IX. RL

Königsröhrling
Boletus regius **essbar**

Merkmale: Hut bis zu 15 cm breit, rosa bis hell blutrot, weinrot geflammt, älter rotbraun, kahl, oft feinfeldrig-rissig. Poren und Röhren eng, satt zitronengelb, Druckstellen nur schwach blauend. Stiel hell- bis zitronengelb mit gleichfarbenem Netz, Basis bisweilen auch rötlich gefärbt. Fleisch gelblich, etwas blauend; Geruch aromatisch.
Speisewert: Essbar, aber schonenswert.
Vorkommen: Mykorrhizapilz von Laubbäumen, besonders Eichen, auf kalkhaltigen bis neutralen Böden. Sehr selten, nur vereinzelt vorkommend, überwiegend in S-EU verbreitet. VIII-IX. RL!

Fahler Röhrling
Boletus impolitus **essbar**

Merkmale: Hut bis zu 15 cm breit, matt ockergrau, feinfilzig bereift, manchmal feinfeldrig rau. Poren zitronengelb bis leuchtend gelb, älter schwach rötlichbraun überhaucht. Stiel oben hell- bis zitronengelb, abwärts gelbbräunlich, bräunlich feinflockig punktiert. Fleisch blass gelblich, kaum blauend; Geruch besonders in der Stielbasis etwas karbolartig, Geschmack mild.
Speisewert: Essbar, aber schonenswert.
Vorkommen: Mykorrhizapilz von Laubbäumen, besonders Eichen und Buchen, auf kalkhaltigen bis lehmigen Böden. In M.-EU selten, mehr in S-EU verbreitet. VIII-IX. RL

Silberröhrling
Boletus fechtneri **essbar**

Merkmale: Hut bis zu 15 cm breit, feinfilzig, jung grauweiß, später graubräunlich bis blass ockerbraun. Poren schön zitronengelb bis goldgelb, älter rostbraun überhaucht, etwas blauend. Stiel gelblich, bisweilen mit rötlichem Gürtel, abwärts mit gelb- bis rötlichem, manchmal undeutlichem Netz überzogen. Fleisch blass gelblich, im Hut rötlich, am Anschnitt blauend; Geruch angenehm.
Speisewert: Essbar, aber schonenswert.
Vorkommen: Mykorrhizapilz von Laubbäumen, besonders von Buchen, auf kalkhaltigen und lehmigen Böden, Wärme liebende Art. In M.-EU nirgendwo häufig, insgesamt selten. VII-IX. RL

Schönfußröhrling *Boletus calopus* **ungenießbar**

Merkmale: Hut bis 20 cm breit, gewölbt, polsterförmig, feinsamtig-filzig, matt und nicht schmierig, hellgrau bis graubräunlich, olivgrau, manchmal hellbraun, tonfarben. Poren immer gelb, an Druckstellen sich blau verfärbend; Röhren um den Stiel niedergedrückt, zunächst gelb, später olivgrünlich. Stiel bis etwa 8 cm lang, 2-5 cm dick, knollig-bauchig bis zylindrisch, oben gelb, nach unten hin meist schön karminrot gefärbt, deutlich von der Spitze her mit einem erhabenen, weißlichen Netz überzogen (Bild ganz rechts), dieses nach unten meist langgestreckt und zunehmend undeutlich. Fleisch weißgelblich, sich am Anschnitt schwach blau verfärbend; Geruch unbedeutend, Geschmack mehr oder weniger bitter.

Speisewert: Wegen seines intensiven bitteren Geschmacks ist der S. ungenießbar.
Vorkommen: Mykorrhizapilz in Laub- und Nadelwäldern, gern unter Buchen, Eichen und Fichten, auf nährstoffarmen, sauren Böden, kalkmeidend. In M.-EU weit verbreitet, mancherorts häufig, besonders in bergigen Lagen vorkommend, im Flachland seltener. VII-IX. RL
Wissenswertes: Der S. könnte mit dem Weißlichen Bitterröhrling (s. oben) verwechselt werden. Dieser hat aber andere Bodenansprüche und wächst nur auf kalkhaltigen Böden.
Rotstielige Röhrlinge mit nicht gelben, sondern roten Poren gehören dagegen zu den Hexenröhrlingen (⇨ab S.22) oder sind ein Satanspilz (⇨S.22).

Sommersteinpilz *Boletus reticulatus* essbar

Merkmale: <u>Hut</u> bis 20 (25) cm breit, jung fast halbkugelig, festfleischig, älter polsterförmig, weicher, in trockenem Zustand matt, feinsamtig-körnig, bei Feuchtigkeit schwach schmierig, einheitlich braun. <u>Poren</u> jung sehr eng, später weiter, zunächst weiß, dann leicht gelb bis gelbgrünlich; Röhren jung weiß bis blassgelb, älter olivgrünlich. <u>Stiel</u> kräftig, bis 20 cm lang, 2-6 cm dick, keulig, bauchig, jung weißlich beige, älter auf blassbraunem Grund mit einem erhabenen bräunlichen Netz überzogen. <u>Fleisch</u> weiß; Geruch unbedeutend, angenehm, Geschmack mild.

Speisewert: Wertvoller Speisepilz, der sich wie alle Steinpilze und ebenso viele andere Röhrlinge auch gut zum Einlegen in Öl und besonders zum Trocknen eignet.

Vorkommen: Mykorrhizapilz von Laubbäumen, wächst vor allem unter Buchen und Eichen, oft in dichter Laubstreu, auf kalkhaltigen Böden. Der S. ist weit verbreitet und örtlich häufig, besonders aber in S.-EU anzutreffen. VI-VII (VIII).

Wissenswertes: Der S. (lat. auch *B. aestivalis*) bevorzugt wärmebegünstigte Laub- und Nadelmischwälder und ist meist schon im Frühsommer zu finden. Im Gegensatz zum allgemein bekannten Fichtensteinpilz mit glatter Huthaut hat er eine feinfilzige Hutoberfläche (kleines Bild unten), die feinfeldrig aufreißen kann. Durch die zunehmende Versauerung der Oberböden ist an den bisher für den S. typischen Laubwald-Standorten immer häufiger der Fichtensteinpilz anzutreffen.

Sommersteinpilz mit typischer feinsamtig-feldriger Hutoberfläche, weißem Fleisch und blassgelben Röhren.

Fichtensteinpilz *Boletus edulis* essbar

Merkmale: <u>Hut</u> bis 20 (25) cm breit, jung beinahe halbkugelig, festfleischig, älter polsterförmig und weich, in trockenem Zustand fast glatt erscheinend, feucht wenig bis stark schmierig, jung oft cremeweiß, später hell bis dunkelbraun gefärbt. <u>Poren</u> zunächst sehr eng und weiß, später weiter und leicht gelb bis gelbgrün, bei älteren Exemplaren olivgrün; Röhren wie die Poren gefärbt. <u>Stiel</u> kräftig, bis zu 20 cm lang und 2-7 cm breit, keulig, bauchig, jung weißlich bis blass bräunlich, von der Stielspitze abwärts mit einem mehr oder weniger ausgeprägten, erhabenen weißen Netz überzogen. <u>Fleisch</u> weiß, nur unter der Huthaut etwas blass rosa-rötlich getönt; Geruch angenehm, Geschmack mild.

Speisewert: Guter Speisepilz. Im Sommer sind Steinpilze allerdings sehr oft von Maden befallen. Es empfiehlt sich, die Funde bereits im Wald zu putzen und durchzuschneiden.

Vorkommen: Mykorrhizapilz der Fichte, in Nadel- und Mischwäldern, vor allem in der Nadelstreu unter Fichten, auch auf mit Fichten durchsetzten Almweiden, auf nährstoffarmen, sauren Sand-

und Silikatböden, aber ebenso auf Kalkböden mit versauerten Oberflächen. Der F. ist in EU weit verbreitet und häufig. Man kann ihn vom Flachland bis in höhere Gebirgslagen antreffen. VIII-X.

Wissenswertes: Dieser Steinpilz wird immer wieder mit dem sehr bitter schmeckenden Gallenröhrling (⇨ S.32) verwechselt, der aber rosafarbene Poren und ein olivfarbenes Stielnetz aufweist. Nicht selten ist der F. mit Fliegenpilzen (⇨ S.96), die ähnliche Standortansprüche haben, vergesellschaftet.

Beim Fichtensteinpilz bildet sich die weißliche Netzzeichnung der Stieloberfläche nicht immer so deutlich aus wie auf dem hier gezeigten Exemplar. Oft reicht sie nur bis zur Stielmitte oder man kann sie bloß an der Stielspitze erkennen.

Kiefernsteinpilz *Boletus pinophilus* essbar

Merkmale: <u>Hut</u> bis 20 cm breit, dickfleischig, polsterförmig, Oberfläche manchmal runzelig-höckerig, matt, feinsamtig, bei feuchtem Wetter glatt, etwas schmierig, kräftig rotbraun, purpurbraun. <u>Poren</u> und Röhren jung weiß, dann blass gelb, älter gelbgrünlich. <u>Stiel</u> bis etwa 12 cm lang, 4-8 cm dick, jung bauchig, später mehr oder weniger keulig, relativ hart, auf hellem rötlichbraunem Grund an der Spitze mit weißlichem, abwärts zunehmend rötlichbraun gefärbten Netz überzogen, Stielbasis weiß. <u>Fleisch</u> fest, weiß, unter der Huthaut ein wenig rosa-rotbräunlich durchgefärbt, sich am Anschnitt nicht verfärbend; Geruch angenehm, manchmal etwas kräftig, ein wenig harzig, Geschmack mild.

Speisewert: Guter Speisepilz, der sich auch zum Trocknen eignet. In Gebieten mit seltenem Vorkommen sollte er allerdings geschont werden.

Vorkommen: Mykorrhizapilz von Kiefern, selten auch von Fichten und Weißtannen, wächst einzeln auf trockenen, sauren Sandböden und Silikatgestein, vom Flachland bis ins höhere Bergland, in der Norddeutschen Tiefebene nur sporadisch vorkommend. VI-IX. **RL**

Wissenswertes: Der K. lässt sich aufgrund seiner rotbraunen Huthaut und seines Standorts unter Kiefern relativ leicht von den anderen Steinpilzen unterscheiden. Einige Fachleute halten Exemplare mit einem ausgeprägt bauchigen und mehr oder weniger rotbräunlich gefärbten Stiel für eine eigene Varietät *B. pinophilus* var. *fuscoruber*. Für den Speisepilzsammler ist die Trennung der einzelnen Arten kaum von Bedeutung, denn alle Steinpilze sind gute, ergiebige Speisepilze. Sämtliche Steinpilze gehören zur Gattung *Boletus* und hier zu den Dickröhrlingen, die durch fleischige Fruchtkörper mit dickbauchigen Stielen gekennzeichnet sind. Sie haben allesamt als junge Pilze noch weiße, später gelbgrüne, noch später olivgrünliche Poren und Röhren, die sich gut vom Hutfleisch lösen lassen. Ihr weißes Fleisch verfärbt sich bei Verletzung nicht.

Schwarzhütiger Steinpilz *Boletus aereus* essbar

Merkmale: <u>Hut</u> bis zu 20 cm breit, kompakt, dickfleischig, polsterförmig, matt, feinsamtig, bei feuchtem Wetter glatt, leicht schmierig, kastanienbraun, dunkelbraun bis fast schwarz. <u>Poren</u> jung weiß, dann blassgelb, cremefarben, manchmal auf Druck etwas braun werdend; Röhren am Stiel niedergedrückt, cremefarben, älter gelbgrünlich. <u>Stiel</u> bis etwa 12 cm lang, 4-6 cm dick, kräftig, relativ hart; bei jungen Pilzen bauchig, später keulenförmig, auf rotbräunlichem Grund ganz mit einem mehr oder weniger ausgeprägten braunen Netz überzogen, Stielbasis weiß. <u>Fleisch</u> fest, weiß, sich am Anschnitt nicht verfärbend; Geruch angenehm, Geschmack mild.

Speisewert: Ein sehr guter Speisepilz, der sich besonders zum Einlegen in Öl eignet, aber auch zum Trocknen. Der S.S. wird verhältnismäßig wenig von Maden befallen. In Gegenden mit seltenem Vorkommen sollte er geschont werden.

Vorkommen: Mykorrhizapilz von Laubbäumen, besonders von Eichen und Edelkastanien, wächst gern in Parkanlagen, auf trockenen bis frischen Kalk- und Lehmböden. Die Art ist M.-EU weit verbreitet, kommt jedoch nur an wärmebegünstigten Standorten vor. Im Mittelmeerraum ist sie häufiger und dort besonders in Stein- und Korkeichenwäldern anzutreffen. VI-IX. **RL**

Wissenswertes: Dieser Pilz lässt sich aufgrund seiner dunkelbraunen Farben, die im Kontrast zu den weißen Poren stehen, gut erkennen. Der ähnliche Sommersteinpilz (⇨ S.28) ist heller braun und hat eine feinsamtig-filzige Hutoberfläche. Außerdem wächst er bevorzugt unter Buchen, und zwar oft schon im Frühsommer.

Der Schwarzhütige Steinpilz in langstieliger Form.

Gallenröhrling *Tylopilus felleus* ungenießbar

Merkmale: <u>Hut</u> bis 15 cm breit, jung halbkugelig, später polsterförmig bis ausgebreitet, dickfleischig, Oberfläche matt, feinsamtig, hell kartonbraun, rehbraun oder graubraun, typischerweise mit oliven Tönen überhaucht. <u>Poren</u> beim jungen Pilz blassrosa, beim älteren deutlich rosa oder lachsfarben; Röhren um den Stiel herum fast frei, gleichfarben. <u>Stiel</u> bis etwa 12 cm lang, 1-4 cm dick, mehr oder weniger keulenförmig, manchmal auch bauchig, relativ stämmig, wie der Hut gefärbt und bis zur Basis mit einem charakteristischen, weitmaschigen, erhabenen, olivfarbenen Netz überzogen. <u>Fleisch</u> eher weich, weißlich, unter der Huthaut etwas braunoliv gefärbt; Geruch unauffällig, Geschmack meist sehr bitter.

Speisewert: Wegen seines außerordentlich bitteren Geschmacks ungenießbar. Es gibt aber auch Exemplare, die nur wenig bitter schmecken. Schon ein einziger Pilz dieser Art kann eine ganze Mahlzeit völlig verderben sowie Magen- und Darmbeschwerden hervorrufen.

Vorkommen: Mykorrhizapilz in sauren, nährstoffarmen Nadelwäldern, aber auch in entsprechenden Laubwäldern. In M.-EU weit verbreitet, fast überall häufig und vom Tiefland bis in höhere Lagen anzutreffen. VII-X.

Wissenswertes: Der Gallenröhrling ist der klassische Verwechslungspartner des Fichtensteinpilzes (⇨ S.28), der ähnliche Standortansprüche hat. Unerfahrene Pilzsucher verwechseln ihn auch mit dem Maronenröhrling (⇨ S.18).

Schon mehrfach wurde von weniger kritischen Speisepilzsammlern berichtet, sie hätten nicht besonders bitter schmeckende Aufsammlungen dieses Pilzes ohne nachhaltigen Schaden gegessen. Achtet man auf die typisch olivfarbene Tönung des Huts und des Stiels mit seiner ausgeprägten Netzzeichnung sowie auf die rosafarbenen Poren und Röhren, ist eine Verwechslung auch ohne unangenehme Kostprobe vermeidbar. Zum Kosten genügt im Übrigen schon eine Berührung des Pilzfleisches mit der Zunge.

Birkenpilz *Leccinum scabrum* essbar

Merkmale: <u>Hut</u> bis zu 15 cm breit, jung halbkugelig, später polsterförmig, matt, fast glatt, hell graubraun bis dunkelbraun in allen Abstufungen. <u>Poren</u> beim jungen Pilz eng, rund, erst weißlich, später schmutzig weiß; Röhren nach unten vorgewölbt, am Stiel ausgebuchtet, leicht vom Hutfleisch ablösbar, wie die Poren getönt, verfärben sich am Anschnitt nicht. <u>Stiel</u> bis etwa 12 (17) cm lang, 1-2,5 (3) cm dick, schlank, oben etwas verjüngt, faserig hart, auf weißlichem Grund mit graubraunen bis schwärzlichen, rauen Schuppen besetzt, im oberen Teil manchmal längsstreifignetzig. <u>Fleisch</u> weißlich, bei Bruch in der Farbe unveränderlich, jung relativ fest, aber im Hut bald schwammig, im Stiel faserig hart; Geruch unauffällig, Geschmack mild.

Speisewert: Der B. ist nur jung essbar, älter wird er sehr schnell weich und nimmt viel Wasser auf. In der Zubereitung wird er dadurch stark schmierig-schleimig. Seine Stiele sind holzig.

Vorkommen: Mykorrhizapilz der Birken, auf eher trockenen Standorten, auch in Laub- und Nadelwäldern, aber immer unter Birken, einzeln bis gesellig wachsend. In M.-EU weit verbreitet, fast überall häufig und vom Tiefland bis in höhere Lagen anzutreffen. VI-X.

Wissenswertes: In letzter Zeit wurde die Gattung der Raustielröhrlinge *Leccinum* überarbeitet. Sie enthält jetzt über 40 Arten, wodurch die Bestimmung gerade der mit Birken wachsenden Arten nicht leichter geworden ist. Die Fundstelle eines Pilzes, ob z.B. auf nassem Moor- oder trockenem Boden, dient hier als wichtige Bestimmungshilfe.

Ähnlich: Der **Graubraune Raustielröhrling** *Leccinum brunneogriseolum* wächst auf moorigen Böden, unter Birken; **essbar**.

Eichenrotkappe *Leccinum quercinum*

essbar

Merkmale: <u>Hut</u> bis zu 12 (18) cm breit, jung halbkugelig, später gewölbt, matt, leicht gerunzelt, hell ziegelrot bis rostbraun. <u>Poren</u> zumindest beim jungen Pilz eng, rund, erst weißlich, dann blass lederbraun, auf Druck etwas bräunlich fleckend; Röhren am Stiel fast frei, wie die Poren gefärbt. <u>Stiel</u> bis etwa 15 (20) cm lang, 2-3 (4) cm dick, schlank, oben etwas verjüngt, faserig hart, auf blassem Grund mit rötlich braunen, später dunkel rotbraunen, rauen bis flockigen Schuppen besetzt. <u>Fleisch</u> fest, cremeweiß, am Anschnitt rosa bis weinrötlich anlaufend, dann dunkler werdend; Geruch unauffällig, Geschmack mild.
Speisewert: Sehr guter Speisepilz, aufgrund seiner Seltenheit jedoch schonenswert.
Vorkommen: Mykorrhizapilz der Eichen an wärmeren Standorten, in Eichen-Hainbuchen-Buchenwäldern, aber auch auf Wiesen unter allein stehenden Eichen, auf eher neutralen Böden. In M.-EU weit verbreitet, aber nirgends in größeren Mengen vorkommend. VII-IX. **RL**

Wissenswertes: Die Bestimmung der E. ist relativ einfach, wenn man auf den Standort achtet, auf den schon der Artname hinweist.

Ähnlich: Die **Kiefernrotkappe** *Leccinum vulpinum* kommt gewöhnlich unter Kiefern, im Gebirge aber auch unter Fichten vor. **RL**
Die **Birkenrotkappe** *Leccinum versipelle* ist in Fichten-Birken-Mischwäldern auf kalkarmen Böden unter Birken zwischen Heidekraut und l Ieidelbeeren zu finden.
Sämtliche Arten von Rotkappen sind **essbar**.

Espenrotkappe *Leccinum rufum*

essbar

Merkmale: <u>Hut</u> bis zu 15 (25) cm breit, jung halbkugelig, später gewölbt, mit am Rand überhängender Huthaut, matt, leicht gerunzelt, orangerot bis orangebraun. <u>Poren</u> jung eng, rund, erst weißlich oder cremefarben, dann blassgrau, werden auf Druck ein wenig braun; Röhren am Stiel niedergedrückt, wie die Poren gefärbt. <u>Stiel</u> etwa 15 (20) cm lang, 2-3 (5) cm dick, kräftig, oben etwas verjüngt, an der Basis keulig verdickt, hart, auf blassem Grund mit anfangs weißen, später orangebraunen, rauen bis flockigen Schuppen besetzt, verfärbt sich bei Druck dunkler. <u>Fleisch</u> fest, nur im Hut bei älteren Exemplaren weich, weißlich, am Anschnitt grauviolett, purpurgrau anlaufend; Geruch unauffällig, Geschmack mild.
Speisewert: Sehr guter Speisepilz, der in Gegenden mit seltenem Vorkommen jedoch geschont werden sollte. Beim Kochen oder Braten verfärben sich die geschnittenen Pilze schwarz, was aber ihren Geschmack nicht beeinträchtigt.
Vorkommen: Mykorrhizapilz der Zitter-Pappel (Espe), wächst auf humosem Boden, gern in lichten Wäldern sowie an Wegrändern, an moosigen und grasigen oder mit Farnen bewachsenen Stellen. Die E. ist in ganz EU verbreitet und besonders im S von D mancherorts recht häufig. VII-X.
Wissenswertes: Die Rotkappen bilden eine variationsreiche Gruppe; in der Literatur sind mehr als 5 rothütige Rotkappen zu finden, die sich, oberflächlich betrachtet, alle sehr ähnlich sehen. Die genaue Bestimmung dieser schön gefärbten Röhrlinge kann sich besonders für den weniger versierten Pilzsammler recht schwierig gestalten. Als hilfreich erweisen sich wiederum genaue Beobachtungen am Wuchsort des Pilzes. Die Kenntnis der begleitenden Baumart kann den entscheidenden Hinweis zur korrekten Artbestimmung einer Rotkappe liefern.
Die Gattung der Raustielröhrlinge (⇨ auch S.32), lateinisch *Leccinum*, früher auch *Krombholziella* genannt, ist durch mehr oder weniger grobschuppige Stiele gekennzeichnet. Die Hüte können braun, orange oder rot gefärbt sein. Alle Arten dieser Gattung sind essbar.
Die Espenrotkappe hieß in früheren Jahren mit lateinischem Namen *Leccinum aurantiacum*.

Steineichen-Raustielröhrling *Leccinum lepidum* essbar

Merkmale: <u>Hut</u> bis zu 15 (20) cm breit, jung halbkugelig, später flacher gewölbt, in trockenem Zustand matt, hin und wieder etwas gerunzelt, feucht glatt bis leicht schmierig, gelblich braun, dunkelbraun oder kastanienbraun. <u>Poren</u> jung sehr eng, rund, kräftig gelb, später bräunlich überhaucht; Röhren bei älteren Pilzen polsterförmig vorgewölbt, zunächst wie die Poren gefärbt, im Alter etwas grünlich. <u>Stiel</u> bis etwa 10 (15) cm lang, 2-3 (5) cm dick, zuerst sehr dickbauchig, dann mehr oder weniger keulig bis zylindrisch mit etwas zugespitzter Basis, jung auf kräftig gelbem Grund mit hellen, gelbbraunen, flockigen Schuppen besetzt, später dunkler braunschuppig. <u>Fleisch</u> beim jungen Pilz fest, beim älteren weich, weißgelblich, am Anschnitt leicht rosa geflammt; Geruch manchmal etwas süßlich, Geschmack mild.
Speisewert: Nur jung ein guter Speisepilz, bei älteren Pilzen ist das Fleisch weich und schwammig.
Vorkommen: Mykorrhizapilz in warmen Laubwäldern, besonders unter Steineichen, auf nackter Erde und in Laubstreu. Im Mittelmeerraum weit verbreitet und häufig. IX-XII.
Wissenswertes: Diese Art wird in der Literatur unterschiedlich dargestellt und manchmal mit dem **Zistrosenröhrling** *Leccinum corsicum* gleichgesetzt. Dieser ist aber schmächtiger von Gestalt und kommt außerdem unter Zistrosen vor.

Zwei junge, besonders kräftig gelb gefärbte Fruchtkörper des Steineichen-Raustielröhrlings.

Erlengrübling *Gyrodon lividus* ungenießbar

Merkmale: <u>Hut</u> bis zu 15 (20) cm breit, bei jungen Exemplaren gewölbt mit nach unten gebogenem, eingerolltem Rand, bei älteren flacher mit manchmal trichterförmig eingedrückter Mitte, dünnfleischig, in trockenem Zustand feinfilzig-matt, feuchte und ältere Pilze glatt bis leicht schmierig, ockergelblich bis beige mit grauer Tönung. <u>Poren</u> zunächst sehr eng, später weit, mehr oder weniger eckig, langgezogen, kräftig gelb, später grüngelblich, verfärben sich bei Druck dunkelblau; Röhren sehr kurz, am Stiel deutlich herablaufend, wie die Poren gefärbt. <u>Stiel</u> relativ kurz, bis zu 8 (10) cm lang, 1,5 (2) cm dick, mehr oder weniger zylindrisch und meistens gebogen, an der Basis oft zugespitzt, jung an der Spitze gelb und abwärts bräunlich, von der Basis her zunehmend rotbraun werdend, fein längsfaserig. <u>Fleisch</u> weich, blass gelblich, am Anschnitt stark blau anlaufend; Geruch unauffällig, Geschmack etwas säuerlich.
Speisewert: Vom Genuss dieses Pilzes ist abzuraten, da er im Verdacht steht, ähnliche, möglicherweise lebensbedrohliche allergische Reaktionen auszulösen wie der Kahle Krempling (⇨S.40).
Vorkommen: Mykorrhizapilz der Erlen, einzeln wachsend bis gesellig, an feuchten Standorten, in Erlenbrüchen und Flussauen. In M.-EU weit verbreitet, aber eher in bergigen Lagen bis ins Gebirge hinein zu finden, dort örtlich häufig. VII-X. **RL**
Wissenswertes: Wissenschaftliche Erkenntnisse deuten darauf hin, dass der E. eher mit den Kremplingen (⇨S.40) verwandt und nicht den Röhrlingen zuzurechnen ist.

Bei genauer Betrachtung fällt bei reifen Erlengrüblingen die lamellenartig ausgerichtete und mit Querwänden versehene Fruchtschicht auf.

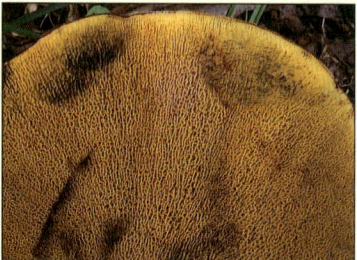

Lamellenartige, Leistlinge und Stachelpilze

Die hier dargestellten Arten gehören zu den Ständerpilzen (⇨ S. 8) und besitzen auf der Hutunterseite eine lamellen- oder leistenartige, bisweilen fast glatte, bei anderen aber auch stachelig ausgebildete Fruchtschicht. Diese damit doch recht unterschiedlichen Arten wurden aus praktischen Gründen hier zusammengefasst. Streng wissenschaftlich gesehen gehört beispielsweise der Kahle Krempling (⇨ S. 40), obwohl mit einer lamellenartigen Fruchtschicht ausgestattet, zu den Röhrlingen, hingegen der Ohrförmige Seitling (⇨ S. 48) zu den Lamellenpilzen. Der Keulenpfifferling und die Pfifferlinge mit leistenartiger Fruchtschicht (⇨ S. 50-52) sowie die Stachelpilze (⇨ S. 54) zählen zu den Nichtblätterpilzen (weitere dieser Gruppe ⇨ S. 152). Bei einigen Arten dieser Gruppe sind die Lamellen und Leisten mehr oder weniger gegabelt oder sogar queraderig miteinander verbunden. In anderen Fällen zeigen die Leisten nur eine schwache Ausprägung und es ist nur eine leicht erhabene aderige Struktur erkennbar. Bei der Totentrompete (⇨ S. 52) ist die Hutunterseite beinahe glatt.

Leuchtender Ölbaumpilz

Kahler Krempling *Paxillus involutus* giftig!

Merkmale: <u>Hut</u> bis 15 (20) cm breit, beim jungen Pilz flach gewölbt mit nach unten gebogenem, breit eingerolltem, oft gekerbtem Rand, beim älteren Pilz flacher ausgebreitet mit leicht eingedrückter Mitte, manchmal auch trichterförmig, trocken matt-filzig, feucht glatt bis leicht schmierig, älter verkahlend; ockerbraun, lehmfarben, schmutzig olivgraubraun, bei älteren Exemplaren rötlich braun, Druckstellen rötlich ockerfarben. <u>Lamellen</u> relativ eng, dünn, am Stiel herablaufend, teilweise gegabelt und queraderig verbunden, jung blass ockerfarben, holzgelblich, später olivocker, bei Druck rotbraun fleckend. <u>Stiel</u> bis etwa 8 cm lang, 1,5 (2,5) cm dick, abwärts verjüngt, blass ockerfarben, rotbraun fleckend. <u>Fleisch</u> weißgelblich, im Schnitt rost-ockerlich verfärbend; Geruch und Geschmack etwas säuerlich.
Speisewert: Vom Genuss ist dringend abzuraten! Der regelmäßige Verzehr dieses Pilzes kann eine tödliche Unverträglichkeitsreaktion mit Zerstörung der roten Blutkörperchen auslösen.

Vorkommen: Mykorrhizapilz fast aller Waldgesellschaften, bevorzugt feuchte, saure Standorte. In M-EU weit verbreitet und häufig. VI-X.
Wissenswertes: Der K.K. wird auch heute noch, besonders in O-EU, zu Speisezwecken verwendet, obwohl von dort immer wieder Berichte über schwere Verdauungsbeschwerden vorliegen. Erst in jüngerer Zeit wurde das Paxillus-Syndrom, eine Art allergischer Schock, entdeckt.

Ähnlich: Der **Erlenkrempling** *Paxillus rubicundulus* (= *P. filamentosus*) wächst unter Erlen. Von seinem Genuss ist ebenso abzuraten; **giftig!**

Samtfußkrempling *Tapinella atrotomentosa* bedingt essbar

Merkmale: <u>Hut</u> bis 15 (20) cm breit, beim jungen Pilz polsterförmig gewölbt mit breit eingerolltem Rand, beim älteren flacher ausgebreitet, manchmal auch muschel- oder trichterförmig, der Rand aber auch bei den reifen Exemplaren deutlich eingerollt und wellig bleibend; in trockenem Zustand fein samtig, ältere Exemplare feucht etwas verkahlend, dunkel ockerbraun bis rostbraun. <u>Lamellen</u> dünn, relativ dicht stehend, oft gegabelt und durch Querwände verbunden, am Stiel herablaufend, blassgelb bis hell ockerfarben. <u>Stiel</u> kräftig, relativ kurz, bis zu 9 cm lang, 2,5-4 cm dick, manchmal seitlich versetzt, samtig, dunkelbraun. <u>Fleisch</u> blassgelb, in der Basis leicht bräunlich, meist sehr wässrig; Geruch und Geschmack etwas säuerlich, oft bitter.
Speisewert: Der S. kommt als Speisepilz kaum in Frage, obwohl er sehr fleischig und kompakt ist. Erst längeres Kochen macht ihn genießbar, aber selbst dann ist er nicht besonders schmackhaft.
Vorkommen: Meist mit mehreren Fruchtkörpern am Grund lebender Stämme, auf bemoosten Wurzeln und an Stümpfen von Nadelbäumen, nur selten an Laubholz. In M.-EU weit verbreitet und ziemlich häufig, nur im NW von D seltener. VI-X.
Wissenswertes: Junge S. werden im ersten Augenblick gern mit dem Maronenröhrling (⇨ S.18) verwechselt. An umgedrehten Fruchtkörpern fällt aber sogleich der samtige, dunkelbraun getönte Stiel auf, der einen starken Farbkontrast zu den hellen Lamellen bildet.

Verwandt: Früher wurde der Samtfußkrempling zur Gattung der eigentlichen Kremplinge *Paxillus* gezählt, neuerdings gilt er als verwandt mit dem **Muschelkrempling** *Tapinella panuoides* (Bild unten); **ungenießbar**.

Leuchtender Ölbaumpilz *Omphalotus illudens* giftig!

Merkmale: <u>Hut</u> bis 15 (20) cm breit, beim jungen Pilz flach gewölbt mit eingerolltem, schmalem Rand, beim älteren flacher ausgebreitet, deutlich trichterig, flatterig gewellt, manchmal auch muschelförmig, eingewachsen faserig, glatt, in feuchtem Zustand glänzend; kräftig orangegelb, orange, gelbbräunlich oder rostorange, bisweilen gefleckt erscheinend. <u>Lamellen</u> dünn, schmal, relativ dicht stehend, mit kürzeren Zwischenlamellen untermischt, weit am Stiel herablaufend, blassorange bis rötlichbraun, Schneiden rostbräunlich fleckend. <u>Stiel</u> etwa 10 (15) cm lang, 1-2 (3) cm dick, manchmal exzentrisch am Hut angesetzt, gegen die Basis zugespitzt, längsstreifig, eingewachsen faserig, wie der Hut gefärbt. <u>Fleisch</u> faserig, gelborange, manchmal weißlich marmoriert, in der Stielbasis bräunlich; Geruch und Geschmack mehr oder weniger stark süßlich.
Speisewert: 1-2 Stunden nach dem Genuss des Pilzes treten schwere Vergiftungserscheinungen mit Übelkeit, Erbrechen und Kopfschmerzen auf.

Vorkommen: Oft büschelig und gesellig am Fuß lebender Stämme und auf Wurzeln verschiedener Laubbäume, besonders von Eichen, Ölbäumen und in Zistrosengebüschen. Vor allem im Mittelmeergebiet weit verbreitet und häufig, in D nur sehr vereinzelt vorkommend und auf klimatisch begünstigte Gebiete beschränkt. VIII-XII. **RL**
Wissenswertes: Die Lamellen des L.Ö., lateinisch auch *Omphalotus olearius*, besitzen eine sehr charakteristische Eigenart: Sie leuchten im Dunkeln. Fasst man den Pilz an, verfärben sich die Finger danach schmutzig orangebräunlich. Sein Sporenpulver ist blass gelblich.
Da der L.Ö. eine Wärme liebende Art ist, treten Vergiftungen durch diesen Pilz vor allem in südlichen Ländern auf. Aus D wurde erst ein einziger Vergiftungsfall bekannt. Die Art wird fast immer mit dem Echten Pfifferling (⇨ S.50) verwechselt. Hin und wieder halten unerfahrene Pilzsammler auch den unten beschriebenen Falschen Pfifferling für einen Ölbaumpilz.

Falscher Pfifferling *Hygrophoropsis aurantiaca* ungenießbar

Merkmale: <u>Hut</u> bis etwa 8 cm breit, zunächst gewölbt, später ausgebreitet mit niedergedrückter Mitte, mitunter deutlich trichterförmig, Hutrand nach unten gebogen, manchmal aber auch flatterig, wellig verbogen, trocken, fein samtig bereift, schön orangegelb bis fuchsartig rotbraun. <u>Lamellen</u> dünn, schmal, dicht stehend, mit kürzeren Zwischenlamellen untermischt, oft gegabelt, weich, am Stiel weit herablaufend; orange bis fuchsartig rotbraun. <u>Stiel</u> bis zu etwa 6 cm lang, nur 0,5-1 cm dick, oft gebogen und zur Stielbasis hin verjüngt, feinsamtig, wie der Hut gefärbt. <u>Fleisch</u> weich, etwas zäh, biegsam, gelborange getönt; Geruch manchmal schwach krautartig, Geschmack unbedeutend.
Speisewert: Der F.P. ist zu Speisezwecken nicht zu empfehlen. Er ist zwar nicht ausgesprochen giftig, verursacht aber dennoch mitunter Verdauungsbeschwerden.
Vorkommen: Dieser Pilz wächst meist gesellig und in größerer Anzahl in der Nadelstreu, gern auch auf Holzresten, zwischen Reisighaufen und auf morschen und bemoosten Baumstümpfen. Er

ist in M.-EU weit verbreitet, stellenweise sehr häufig und kommt vom Tiefland bis in höhere Lagen vor. VIII-XI.
Wissenswertes: Von der Gattung der Afterleistlinge *Hygrophoropsis* sind insgesamt 4 Arten beschrieben. Ihre Hutoberflächen sehen stets feinfilzig aus, der Hutrand ist bei jungen Exemplaren eingerollt und die Lamellen sind dünn, gegabelt bis leicht aderig; das Sporenpulver ist weiß.

> *Ähnlich:* Der Anfänger hält den F.P. häufig für den essbaren Echten Pfifferling (⇨ S.50), aber auch für den oben beschriebenen giftigen Ölbaumpilz ist er schon gehalten worden. Der essbare Samtige Leistling (⇨ S.50), im Gegensatz zum F.P. eine Laubwaldart, ist zarter an Gestalt und mehr orange wachsfarben.
> Der sehr seltene **Duftende Afterleistling** *Hygrophoropsis morganii* hat fleischrosa bis ockergelbe Hutfarben, weißgelbliche Lamellen und riecht aromatisch süßlich nach Fruchtbonbons; er ist ebenfalls ungenießbar.

Großer Schmierling, Kuhmaul *Gomphidius glutinosus* essbar

Merkmale: <u>Hut</u> bis 10 (12) cm breit, fleischig, jung polsterförmig gewölbt, später flacher ausgebreitet, trichterförmig, Rand nach unten gebogen; graubraun mit violetten Tönen, Oberfläche mit dicker, klarer, abziehbarer Schleimschicht überzogen. <u>Lamellen</u> dicklich, wachsartig weich, relativ weit auseinander stehend, oft gegabelt, am Stiel herablaufend, jung weiß, später schmutzig rußig grau. <u>Stiel</u> zylindrisch, bis zu 9 cm lang, 1-2 cm dick, beim jungen Pilz ganz mit Schleim überzogen, beim älteren mit einer ringförmigen schleimigen Zone, bis unter die Mitte weiß und an der Stielbasis kräftig gelb. <u>Fleisch</u> weich, im Hut weiß, in der unteren Stielhälfte gelb; Geruch unbedeutend, Geschmack angenehm mild.

Speisewert: Der G.S. ist ein ausgezeichneter Speisepilz. Der schleimige Überzug muss vor der Zubereitung allerdings entfernt werden.

Vorkommen: Mykorrhizapilz in Nadelwäldern, besonders unter Fichten, gern im feuchten Moos und in der Nadelstreu, wächst einzeln oder in Gruppen. In M.-EU weit verbreitet, stellenweise häufig und vom Flachland bis in höhere Lagen anzutreffen. VIII.-X.

Wissenswertes: Der G.S. ist an seinem grauen Hut, der gelben Stielbasis und dem schleimigen Überzug, der bei jungen Exemplaren die Lamellen überspannt, leicht kenntlich. Es empfiehlt sich, den Pilz gleich im Wald zu putzen und die schleimige Schicht abzuziehen. Er schwärzt danach zwar, doch das mindert nicht seinen Speisewert.

Verwandt: Der **Fleckende Schmierling** *Gomphidius maculatus* ist an Lärchen gebunden, und kleiner, zudem seltener zu finden; **essbar**.

Kupferroter Gelbfuß *Chroogomphus rutilus* essbar

Merkmale: <u>Hut</u> bis 8 (10) cm breit, jung etwas kegelförmig, später halbrund abgeflacht, mit mehr oder weniger ausgeprägtem Buckel, eingewachsen faserig, am Rand lange eingerollt, jung mit einem seidigen Schleier mit dem Stiel verbunden; kupferrötlich, braun, oft grau- oder braunorange; feucht deutlich schmierig, trocken kahl und glänzend. <u>Lamellen</u> weit am Stiel herablaufend, weich, Schneiden glatt; jung blass kupferfarben mit oliven Tönen, später schmutzig grau bis fast schwarz mit violettem Stich. <u>Stiel</u> bis 8 cm lang, 0,5-2 cm dick, schlank, zylindrisch, abwärts verjüngt und oft gebogen; faserig genattert, oben manchmal mit ringartigen Schleierresten, trocken; ein wenig heller als der Hut; voll. <u>Fleisch</u> etwas weich; im Hut dick, über den Lamellen dünner; blass orangegelb-ockerlich, in der unteren Stielhälfte gelborange; Geruch unbedeutend, Geschmack mild.

Speisewert: Mittelmäßiger Speisepilz, verfärbt sich beim Kochen violett.

Vorkommen: Mykorrhizapilz der 2-nadeligen Kiefern, scheint Kalkböden zu bevorzugen, wächst gelegentlich einzeln, meist aber in Gruppen. Er ist in M.-EU weit verbreitet, stellenweise recht häufig und kommt vom Flachland bis in höhere Lagen vor. VII.-X.

Wissenswertes: Dieser Schmierling ist, wie der Name schon sagt, durch seine kupferrote Tönung charakterisiert. Der zusätzlich in feuchtem Zustand deutlich schmierige Hut sowie der Standort unter Kiefern lassen kaum eine Verwechslung mit anderen Arten zu.

Ähnlich: Der nicht häufige **Filzige Gelbfuß** *Chroogomphus helveticus*, ein Mykorrhizapilz von Nadelbäumen, besonders von Fichten, wächst auf rohhumusreichen Böden. Im Gegensatz zum Kupferroten Gelbfuß ist sein Hut trocken und feinfilzig und weist eine orangegelbliche Tönung auf; **essbar**. RL

Getigerter Sägeblättling *Lentinus tigrinus*

Merkmale: <u>Hut</u> dünnfleischig, bis zu 8 (10) cm breit, zunächst flach gewölbt, später abgeflacht, mit niedergedrückter Mitte, auch trichterförmig, der Rand etwas nach unten gebogen und im Alter hin und wieder eingerissen, trocken, auf creme-weißlichem bis gelblich weißem Grund braun-schwarz faserschuppig, Hutmitte dabei oft etwas flockiger geschuppt. <u>Lamellen</u> am Stiel herablaufend, schmal, weich, Schneiden fein gesägt, Färbung bei jungen Pilzen blass cremefarben, bei älteren gelblich. <u>Stiel</u> bis etwa 5 cm lang, 0,5-1 cm dick, teilweise exzentrisch, schlank, zylindrisch, manchmal abgeflacht, bisweilen verjüngt, wurzelnd, cremeweißlich, Basis bräunlich, feinschuppig, jung mit vergänglicher, faseriger Velumzone. <u>Fleisch</u> etwas zäh, im Hut dünn, im Stiel voll; weißlich, etwas gilbend; Geruch obstartig, Geschmack anfangs mild, dann unangenehm, irgendwie kratzend.

Speisewert: Aufgrund seines unangenehmen Geschmacks kaum zu Speisezwecken geeignet.

Vorkommen: Die Art wächst einzeln bis büschelig, oft in großen Gruppen, an Baumstämmen, Stümpfen und abgefallenen Ästen, gern von Erlen und Weiden. In M.-EU in Auwäldern weit verbreitet und örtlich häufig. VI-IX.

Wissenswertes: In der Literatur wird bisweilen die Gattung *Panus* mit glatten Lamellenschneiden und anderen mikroskopischen Merkmalen von der Gattung *Lentinus* abgetrennt.

Verwandt: Der **Anis-Sägeblättling** *Lentinus suavissimus* riecht angenehm nach Anis und wächst auf Weidenholz; **ungenießbar**.

Bitterer Zwergknäueling *Panellus stipticus*

Merkmale: <u>Hut</u> bis etwa 4 cm breit, dünnfleischig, fast häutig, fächer- bis nierenförmig, nur bei ganz jungen Pilzen etwas gewölbt, bald abgeflacht und bisweilen zum Stielansatz hin niedergedrückt, Rand zunächst eingerollt, beim älteren Pilz wellig, dünn, rillig, fein filzig, schuppig-flockig, gedrückt schwach klebrig; etwas konzentrisch gezont, naturlederfarben oder blass tonfarben, auch gelbbräunlich. <u>Lamellen</u> am Stiel angewachsen und von diesem scharf abgegrenzt, eng stehend, teilweise gegabelt, am Grund queraderig verbunden, schmutzig gelblich bis hellbräunlich. <u>Stiel</u> seitlich angesetzt, kurz, meist im oberen Teil konisch erweitert, fein kleiig-schuppig, mehr oder weniger hutfarben. <u>Fleisch</u> zäh; Geruch unbedeutend, Geschmack anfangs säuerlich, nach einigen Minuten überaus bitter.

Speisewert: Aufgrund seiner Konsistenz und seines bitteren Geschmacks ungenießbar.

Vorkommen: Einzeln bis büschelig, oft in großer Zahl an totem Holz von Laubbäumen, vor allem an Eichen und Buchen, seltener an Nadelhölzern. In M.-EU weit verbreitet und örtlich häufig. I-XII.

Wissenswertes: Der B.Z. ist praktisch das ganze Jahr über zu finden. Trockene Fruchtkörper leben bei Feuchtigkeit wieder auf.

Zwergknäuelinge werden im Volksmund auch als Muschelseitlinge bezeichnet. Der eine wie der andere Name gibt Aufschluss über das Erscheinungsbild dieser Pilze.

Verwandt: In der Gattung *Panellus* sind 4 Arten aufgeführt. Der **Milde Zwergknäueling** *Panellus mitis* wächst an Nadelholz und ist anfangs weiß, älter gelbbräunlich gefärbt. Der sehr seltene **Rachenförmige Zwergknäueling** *Panellus ringens* wächst vor allem an Weiden und der **Violettblättrige Zwergknäueling** *Panellus violaceofulvus* an Weißtannen. Ähnlich ist auch der **Gelbstielige Muschelseitling** *Sarcomyxa serotinus* (kleines Bild), der an Buchen wächst und sehr bitter ist. Alle **ungenießbar**.

Austernseitling

Pleurotus ostreatus **essbar**

Merkmale: Hut bis zu 20 cm breit, muschel- oder halbkreisförmig, glatt, seidenmatt, violettbraun bis schiefergraublau. Lamellen teilweise gegabelt und am Stiel herablaufend, cremefarben. Stiel kurz, seitlich stehend, weiß. Fleisch weiß, faserig; Geruch etwas fischartig, Geschmack mild.

Speisewert: Guter Speisepilz.

Vorkommen: An totem Laubholz. In M.-EU weit verbreitet und örtlich häufig. X-III.

Wissenswertes: In der Gattung sind etwa 10 Arten und Varietäten beschrieben. Der Austernseitling ist ein beliebter Zucht- und Marktpilz.

Gewöhnlicher Orangeseitling

Phyllotopsis nidulans **ungenießbar**

Merkmale: Hut bis 10 cm breit, halbrund oder muschelförmig, Rand jung eingerollt, dünn, feinfilzig-samtig, frisch kräftig orangegelb, trocken verblassend. Lamellen zum Stiel zulaufend, schmal, orange-rostgelb. Stiel nur angedeutet, Hut meist seitlich am Substrat angeheftet. Fleisch elastisch; Geruch kohlartig, Geschmack mild.

Speisewert: Nicht giftig, aber wertlos.

Vorkommen: Meist dicht beisammen, in feuchten, montanen Nadelwäldern, an morschen Bäumen und Stümpfen von Fichten, selten an Laubholz. In M.-EU weit verbreitet, aber immer nur stellenweise vorkommend. II-IV und VIII-XI. RL

Aniszähling

Lentinellus cochleatus **ungenießbar**

Merkmale: Hut 5 (7) cm breit, trichter- oder tütenförmig, oft einseitig halbiert, flatterig verbogen, Rand etwas eingerollt, glatt, mehr oder weniger braunrötlich. Lamellen weit am Stiel herablaufend, schmal, Schneiden gesägt, eingerissen, weiß bis blass bräunlich. Stiel oft exzentrisch, rippig, runzelig gerieft, hutfarben. Fleisch zäh, elastisch, weiß; Geruch anisartig, Geschmack mild.

Speisewert: Ungenießbar, sehr zäh.

Vorkommen: Meist dicht gedrängt und büschelig an morschem Laub-, selten Nadelholz. In M.-EU weit verbreitet und häufig. VIII-XI.

Wissenswertes: Es gibt vom A. eine Varietät *inolens*, der der charakteristische Anisgeruch fehlt.

Kräuterseitling

Pleurotus eryngii **essbar**

Merkmale: Hut bis 10 (15) cm breit, flach gewölbt, oft niedergedrückt, Rand zunächst eingerollt, feinfilzig matt, jung weißlich, älter braungrau. Lamellen teilweise gegabelt und am Stiel herablaufend, weißlich grauockerfarben getönt. Stiel stämmig, oft exzentrisch, manchmal schwach ausgebildet, schmutzig weiß. Fleisch weißlich, faserig; Geruch und Geschmack unbedeutend.

Speisewert: Sehr guter Speisepilz.

Vorkommen: Meist in offenem Gelände, an den Wurzeln von Doldenblütlern. In N-EU selten, in S-EU unter Riesen-Fenchel, häufig. VII-XI. RL

Ohrförmiger Seitling

Phyllotus porrigens **ungenießbar**

Merkmale: Hut bis 7 cm breit, halbrund, spatel- oder ohrförmig, flatterig wellig, Rand jung nach unten gebogen, älter scharf, dünn, glatt, matt, an der Anwachsstelle etwas filzig, weißlich. Lamellen einseitig zusammenlaufend, schmal, Schneiden glatt, weiß, später cremefarben. Stiel fehlend, Hut meist seitlich am Substrat angeheftet. Fleisch elastisch; Geruch u. Geschmack unauffällig.

Speisewert: Nicht giftig, aber wertlos.

Vorkommen: Meist gesellig und dachziegelartig an morschem, bemoostem Fichtenholz in feuchten, montanen Nadelwäldern. In M.-EU nur gebietsweise häufiger vorkommend. VIII-XI. RL

Keulenpfifferling, Schweinsohr

Gomphus clavatus **essbar**

Merkmale: Fruchtkörper bis etwa 6 cm breit und 10 cm hoch, kreiselförmig, abgestutzt keulenförmig, bisweilen auch einseitig ohrförmig ausgezogen, ockergelblich mit leicht violettem Ton. Stiel nur andeutungsweise zu erkennen. Leisten weit herablaufend, gabelig verbunden, fleischfarbenviolettlich. Fleisch weißlich, wässrig marmoriert; Geruch unbedeutend, Geschmack mild.

Speisewert: Guter Speisepilz.

Vorkommen: In montanen bis subalpinen Nadelwäldern, oft büschelig und gesellig. VIII-IX. RL

Wissenswertes: Leider ist auch diese Pilzart in den letzten Jahren sehr stark zurückgegangen und an manchen Standorten sogar verschollen.

Echter Pfifferling *Cantharellus cibarius* **essbar**

Merkmale: <u>Hut</u> bis etwa 10 cm breit, jung gewölbt, bald unregelmäßig trichterförmig, Rand mehr oder weniger wellig verbogen, glatt matt, dottergelb, hin und wieder heller oder auch nur sehr blass gelblich gefärbt. <u>Leisten</u> weit am Stiel herablaufend, unregelmäßig, wellig, gegabelt, am Grund queraderig verbunden, wie der Hut gefärbt. <u>Stiel</u> bis etwa 6 cm lang, bis 2 cm dick, voll, oben konisch erweitert, in den Hut übergehend, blassgelb. <u>Fleisch</u> kompakt, im Stiel ziemlich faserig, blassgelb; Geruch kräftig würzig, Geschmack mild bis leicht pfefferig scharf.

Speisewert: Bekannter und begehrter Speisepilz; wegen seines würzigen Geschmacks vielseitig verwendbar, als Einzel- oder im Mischgericht. Getrocknet und anschließend zu Pilzpulver zerrieben oder gemahlen eignet er sich besonders gut zum Würzen von Soßen und Fleischgerichten.

Vorkommen: Mykorrhizapilz in Laub- und Nadelwäldern, wächst einzeln bis gesellig zwischen Laub- und Nadelstreu, gern zwischen Heidelbeeren, an moosigen und grasigen Stellen. In EU weit verbreitet und örtlich häufig, mancherorts aber rückläufig. VI-IX. RL

Wissenswertes: Eine Unsitte ist es, winzige, kaum 1 cm große Pilzchen auszureißen. Jedes Jahr kommen etliche Tonnen dieses klassischen Speisepilzes auf den Markt, die meisten aus dem östlichen Ausland (Polen). Die Züchtung des E.P. und seiner Verwandten ist nicht möglich, da alle Pfifferlingsarten Mykorrhizapilze sind und mit Bäumen in Symbiose leben.

Varietät: Der **Rötende Pfifferling** *C. cibarius* var. *rufipes* ist nur in wärmebegünstigten Laubwäldern auf kalkhaltigen Böden zu finden; **essbar**.

Amethystpfifferling *Cantharellus cibarius* var. *amethysteus* **essbar**

Merkmale: <u>Hut</u> bis etwa 10 cm breit, beim noch jungen Pilz gewölbt, bald aber unregelmäßig trichterförmig, Rand mehr oder weniger wellig verbogen, glatt matt, auf fahl hellgelbem Grund dicht mit anliegenden, filzigen, violettlichen oder rötlich lilafarbenen Schüppchen bedeckt. <u>Leisten</u> weit am Stiel herablaufend, weit auseinander stehend, unregelmäßig, wellig, gegabelt, am Grund queraderig verbunden, heller gelb. <u>Stiel</u> bis etwa 6 cm lang, bis 2 cm dick, voll, oben konisch erweitert, in den Hut übergehend, hellgelb, gänzlich oder teilweise mit einer blasslila Filzschicht überzogen. <u>Fleisch</u> kompakt, im Stiel ziemlich faserig, blassgelb; Geruch kräftig würzig, Geschmack mild bis leicht scharf, aber milder als beim Echten Pfifferling.

Speisewert: Ein ebenso guter und vielseitig verwendbarer Speisepilz wie der Echte Pfifferling.

Vorkommen: Mykorrhizapilz, der vorwiegend in montanen Nadelwäldern wächst, auf mehr oder weniger lehmigen Böden, besonders unter Fichten und Tannen, Funde in Laubwäldern (unter Buchen) sind eher die Ausnahme. Er tritt meist einzeln auf, seltener in Gruppen, gern in Hohlwegen auf feuchter, nackter Erde, aber auch in niedrig verkrauteten oder bemoosten Wäldern. Der nicht sehr häufige Pilz wird sicherlich oft mit dem Echten Pfifferling verwechselt. VIII-IX.

Wissenswertes: In der Gattung *Cantharellus* sind 10 Arten beschrieben, von denen einige dem Echten Pfifferling sehr ähnlich sehen. Es befinden sich keine Giftpilze darunter.

Ähnlich: Der **Samtige Leistling** *Cantharellus friesii* ist zarter beschaffen und deutlich orange gefärbt. Er wächst auf nährstoffarmen, sauren Böden in Laubwäldern; **essbar**. RL

Trompetenpfifferling *Cantharellus tubaeformis* essbar

Merkmale: Hut bis etwa 6 cm breit, beim jungen Pilz gewölbt, zentral genabelt, bald tief trichterförmig und in der Mitte in den Stiel hinein durchbohrt, Rand mehr oder weniger zierlich kraus, wellig-flatterig verbogen, Oberfläche etwas feinfaserig-schuppig; gelbbraun bis graugelblich, manchmal auch reiner gelb. Leisten am Stiel herablaufend, weit auseinander stehend, unregelmäßig, wellig, gegabelt, gelblich, graugelblich bis orangefarben. Stiel bis zu etwa 8 cm lang, bis zu 1 cm dick, oben konisch erweitert, in den Hut übergehend, manchmal flachgedrückt, hohl, in der Regel kräftig gelb. Fleisch dünn, weißlich; Geruch kaum wahrnehmbar, Geschmack mild.
Speisewert: Der T. wird von den meisten Speisepilzsammlern nicht beachtet, obwohl er ein recht guter Speisepilz ist, der sich sowohl für Einzel- wie für Mischgerichte eignet.
Vorkommen: Mykorrhizapilz in Nadel- und Laubwäldern auf sauren Böden, bevorzugt in feuchten, montanen Nadelwäldern, wächst einzeln oder büschelig, meist in großer Zahl, gern im Moos an moorigen Stellen. In M.-EU weit verbreitet und gebietsweise häufig. VIII-X.

> *Ähnlich:* **Starkriechender Pfifferling** *Cantharellus xanthopus* (früher *C. lutescens*), Hut trompetenförmig, lebhaft gelb bis orangebraun; Unterseite undeutlich aderig-runzelig (nicht leistenartig!); Fleisch gelblich mit angenehm fruchtartigem Geruch; ähnlicher Standort wie Trompetenpfifferling; **essbar**.

Totentrompete *Craterellus cornucopioides* essbar

Merkmale: Hut bis etwa 10 cm breit und etwa ebenso hoch, bereits beim jungen Pilz tief trichterförmig und in der Mitte in den Stiel hinein trompetenartig hohl, ziemlich dünnfleischig, Rand mehr oder weniger wellig-flatterig verbogen, Oberfläche eingewachsen feinfaserig bis fast samtig-schuppig, graubraun bis schwarzbraun. Unterseite beinahe glatt erscheinend, ein wenig runzelig oder undeutlich längsaderig, braungrau bis aschgrau, älter schwärzlich. Stiel kurz, oben konisch erweitert, in den Hut übergehend, hohl, wie der Hut gefärbt. Fleisch sehr dünn, zerbrechlich, grau bis grauschwarz; Geruch kaum wahrnehmbar, Geschmack mild, etwas würzig.
Speisewert: Die T. wird von manchen Speisepilzsammlern sehr geschätzt. Sie eignet sich sowohl für Einzel- wie für Mischgerichte. Getrocknet und zerrieben (zermahlen) ergeben die Fruchtkörper ein würziges Pilzpulver, das Soßen und Fleischgerichten eine pikante Note verleiht.
Vorkommen: Mykorrhizapilz in Laubwäldern, auf kalkhaltigen Böden, besonders unter Buchen und Eichen, steht einzeln oder büschelig, meist in großer Zahl, gern in Laubstreu. In M.-EU weit verbreitet, gebietsweise häufig. IX-XI.
Wissenswertes: Der Pilz zeigt nicht die gewohnte Gliederung in Hut und Stiel, sondern bildet einen kompletten, nach unten meist spitz zulaufenden Trichter, eben wie eine Trompete.

> *Ähnlich:* Der seltene **Krause Leistling** *Pseudocraterellus undulatus* (früher *P. sinuosus*) ist kleiner und vollfleischig; **essbar**. RL
> Der **Graue Pfifferling** *Cantharellus cinereus* (Bild unten) ist ebenso dunkel gefärbt wie die Totentrompete, seine Hutunterseite trägt aber lamellenähnliche Leisten; **essbar**. RL

Semmelstoppelpilz *Hydnum repandum* **essbar**

Merkmale: Hut 10 (15) cm breit, kompakt, festfleischig, beim jungen Pilz noch gewölbt, bald aber unregelmäßig ausgebreitet, verbogen, matt, feinfilzig, gerunzelt-höckerig, am Rand wellig eingebogen, blassgelb bis semmelgelb oder hell orangegelb gefärbt. Stacheln bisweilen am Stiel ein wenig herablaufend, ungleichmäßig lang, dicht beieinander stehend, vom Hut ablösbar, bei Berührung leicht absplitternd, weißgelblich getönt, etwas gilbend bräunend. Stiel bis ungefähr 8 cm lang, bis zu 3 cm unregelmäßig dick, voll, oben manchmal erweitert, schmutzig weißgelblich, ein wenig bräunend. Fleisch kompakt, vergleichsweise fest, brüchig, weißlich; Geruch schwach fruchtig, Geschmack mild, manchmal auch mehr oder weniger scharf.

Speisewert: Eignet sich nur jung zu Mischgerichten, ältere Exemplare sind bitter; getrocknet und zerrieben als würziges Pilzpulver verwendbar.

Vorkommen: Mykorrhizapilz in Laub- und Nadelwäldern, auf mehr oder weniger kalkhaltigen Böden, wächst meist in Gruppen, manchmal sind mehrere Exemplare miteinander verwachsen. In EU weit verbreitet, im N von D nur vereinzelt vorkommend, ansonsten ziemlich häufig. VII-XI.

Wissenswertes: Der S. gehört wie der Habichtspilz zur großen Ordnung der Nichtblätterpilze *Aphyllophorales* und hier zur Familie der weißsporigen Stachelpilze *Hydnaceae*.
In der Gattung der Stoppelpilze *Hydnum* sind insgesamt 3 Arten beschrieben, die man auch nur als Varietäten ansehen könnte. Alle sind **essbar**.

> *Ähnlich:* Der **Weiße Stoppelpilz** *Hydnum albidum* ist in Kalkbuchenwäldern verbreitet.
> Der **Rotgelbe Stoppelpilz** *H. repandum* var. *rufescens* (kl. Bild) ist stärker orangerötlich und in Nadelwäldern zu finden; **essbar**.

Habichtspilz *Sarcodon imbricatus* **essbar**

Merkmale: Hut bis zu 20 (30) cm breit, jung gewölbt, bald flacher ausgebreitet, älter leicht trichterförmig, Rand mehr oder weniger wellig eingebogen, typisch grobfelderig, abstehend schuppig; rehbraun bis dunkelbraun, bei alten Exemplaren fast schwarzbraun. Stacheln am Stiel ein wenig herablaufend, ungleichmäßig lang, dicht beieinander stehend, vom Hut ablösbar, bei Berührung leicht absplitternd, beim jungen Pilz blass weißbräunlich, beim älteren graubraun bis braun. Stiel kurz und kräftig, bis etwa 8 cm lang, bis 2,5 cm dick, voll; schmutzig weißbräunlich, etwas bräunend. Fleisch kompakt, fest, brüchig, weißlich, angeschnitten schwach bräunlich anlaufend; Geruch leicht angenehm würzig, Geschmack mild bis mehr oder weniger bitter.

Speisewert: Der H. eignet sich ebenso wie der Semmelstoppelpilz nur jung zu Mischgerichten, älter ist er bitter. Getrocknet lässt er sich aber zu würzigem Pilzpulver verarbeiten.

Vorkommen: Mykorrhizapilz der montanen Fichten- und Kiefernwälder, auf mehr oder weniger sauren Böden, wächst in der Nadelstreu oder zwischen Gras, einzeln bis gesellig, meist aber in Gruppen. In M.-EU weit verbreitet, in tieferen Lagen allerdings nur vereinzelt vorkommend, ansonsten örtlich durchaus häufig. VIII-XI. **RL**

Wissenswertes: Die braunsporige Gattung der Stachelinge *Sarcodon* gehört mit 15 Arten zur Familie der Warzenpilze *Thelephoraceae*, zu denen auch der Stinkende Warzenpilz (⇨ S.158) gezählt wird, der aber korallenförmig aussieht.

> *Ähnlich:* Der seltene **Gallenstacheling** *Sarcodon scabrosus* sieht dem Habichtspilz sehr ähnlich, hat aber eine blaugrüne Stielbasis, wächst in Laubwäldern, riecht mehlartig und schmeckt überaus bitter, **ungenießbar**. **RL**
> Der **Scharfe Korkstacheling** *Hydnellum peckii* (kl. Bild) scheidet typische rote, wässrige Tropfen aus. Sehr scharf; **ungenießbar**.

Lamellenpilze

In Europa kennt man etwa 4000 Lamellen- oder Blätterpilze *Agaricales*, darunter zahlreiche Mykorrhizapilze, Streuzersetzer sowie einige Parasiten (⇨ S. 7). Neben guten Speisepilzen gibt es in dieser Gruppe auch gefährliche Giftpilze wie den Grünen- und den Kegelhütigen Knollenblätterpilz (⇨ S.98) oder den Orangefuchsigen Raukopf (⇨ S.122). Die Blätterpilze sind in der Regel an der lamellen- oder blätterartig ausgebildeten Fruchtschicht auf der Hutunterseite erkennbar. Dreht man einen Fruchtkörper um, so sieht man zuerst die Schneiden der strahlenförmig um den Stiel herum angeordneten Lamellen. Die Sporen tragenden Basidien (⇨ S. 8) werden auf den Seitenflächen der Lamellen gebildet, die Schneiden selbst sind meist steril. Blätterpilze sind aus länglichen Zellen aufgebaut, was sich an den typischerweise faserigen Bruchstellen der Stiele gut erkennen lässt. Neben weiteren Merkmalen wird die Sporenpulverfarbe zur Klassifizierung herangezogen. Sie ist aber nicht immer identisch mit der Lamellenfarbe, vor allem nicht bei jungen, noch nicht ausgereiften Fruchtkörpern. In einem Standardwerk der Mykologie sind die Blätterpilze in 11 Familien mit 139 Gattungen zusammengefasst.

Violetter Rötelritterling

Gelbfleischiger Granatsaftling *Hygrocybe splendidissima*   ungenießbar

Merkmale: Hut 7 (10) cm breit, jung fast kegelförmig, älter flach gewölbt mit mehr oder weniger stumpfem Buckel, Rand oft unregelmäßig nach oben gezogen, bei Trockenheit oft eingerissen, Oberfläche glatt, matt glänzend, lebhaft scharlachrot bis karminrot, mit der Zeit verblassend. Lamellen aufsteigend bis ausgebuchtet oder nahezu frei, breit, stark bauchig, mit verschieden langen Lamellen untermischt, jung rosa, älter orange bis rotorange, Schneiden uneben, leicht gesägt, gelblich. Stiel bis zu 10 cm lang, 1-2 cm dick, relativ schlank, manchmal unregelmäßig aufgeblasen oder zusammengedrückt, Basis bisweilen zugespitzt, eingewachsen faserig aber doch relativ glatt, lebhaft gelborange bis rot, abwärts stärker gelb. Fleisch dünn, gelb, im Stiel stark faserig ausgestopft, hellgelb bis fast weiß; Geruch honigartig, besonders in der Stielbasis, bei frischen Fruchtkörpern bisweilen fehlend.
Speisewert: Bedeutungslos. Saftlinge sind generell für Speisezwecke ungeeignet.

Vorkommen: Einzeln bis gesellig auf naturbelassenen Wiesen und Weiden, Streuwiesen im Bereich von Mooren und kurzgrasigen Heideflächen. In M.-EU nur vereinzelt vorkommend, am ehesten in den Alpen und dem nördlichen Alpenvorland anzutreffen. IX-X. RL!
Wissenswertes: Dieser schön gefärbte Saftling wird oft mit dem Großen Saftling (⇨unten) verwechselt, der an ähnlichen Standorten vorkommt, doch größer wird und einen stärker faserigen Stiel sowie weißes, geruchloses Fleisch hat. Die Gattung der Saftlinge *Hygrocybe* enthält rund 70 Arten, überwiegend farbenfrohe Pilze, alle mit wachsartigen Lamellen. Das Fleisch verfärbt sich bei einigen Arten mit der Zeit bzw. bei Berührung schwarz oder rot. Die genaue Abgrenzung der einzelnen Arten bereitet oft erhebliche Schwierigkeiten und ist ohne Studium der Mikromerkmale nicht möglich. Durch zunehmende Zerstörung der naturnahen Lebensräume sind die Saftlinge insgesamt in ihrem Bestand stark gefährdet.

Großer Saftling
Hygrocybe punicea   ungenießbar

Merkmale: Hut bis zu 13 cm breit, jung glockig, älter flach gewölbt, stumpfbuckelig, glatt, etwas schmierig, leuchtend granatapfelrot, blutrot bis dunkelrot mit bräunlichen Tönen. Lamellen angeheftet bis nahezu frei, breit, stark bauchig, mit verschieden langen Lamellen untermischt, hellgelb-orangebräunlich, Schneiden fast glatt, heller, gelblich. Stiel bis 12 cm lang, 3 cm dick, mehr oder weniger zylindrisch, trocken, eingewachsen dunkler faserig, gelb, orange-gelb bis orangerot, Basis weißlich. Fleisch brüchig, unter der Hut- und Stielhaut etwas rötlich durchfärbt, ansonsten weißlich; Geruch unbedeutend.
Speisewert: Bedeutungslos. Saftlinge sind generell für Speisezwecke ungeeignet.
Vorkommen: Einzeln bis gesellig auf naturbelassenen Wiesen, Weiden und Streuwiesen im Bereich von Kalkflachmooren und Halbtrockenrasen. In M.-EU weit verbreitet, aber immer nur stellenweise vorkommend. IX-X. RL
Wissenswertes: Der G.S. ist leicht mit dem Gelbfleisch. Granatsaftling zu verwechseln (siehe dort).

Kegeliger Saftling
Hygrocybe conica   giftig

Merkmale: Hut bis zu 6 cm breit, mehr oder weniger spitzkegelig, eingewachsen faserig, in feuchtem Zustand glatt, etwas schmierig; orangerot, gelb oder olivbraun gefärbt, schwärzend. Lamellen frei bis schmal angeheftet, jung weiß, älter gelblich, graugrüngelblich, dann schwarz. Stiel 8 (10) cm lang, bis zu 1,5 cm dick, meist zylindrisch, erst schmierig, trocken eingewachsen faserig, gelb oder orange, älter schwarz. Fleisch brüchig, unter der Hut- und Stielhaut etwas gelblich, ansonsten weiß, schwärzend; Geruch unbedeutend.
Speisewert: Schwach giftig. Saftlinge sind generell für Speisezwecke ungeeignet.
Vorkommen: Einzeln bis gesellig auf naturbelassenen Rasenflächen, grasigen Dünen und Wäldern, auch in Nadelstreu. In M.-EU weit verbreitet, vom Flachland bis in subalpine Bereiche, gehört zu den häufigsten Saftlingen. VIII-X.
Wissenswertes: Vom K. sind einige Varietäten beschrieben, die alle bei Berührung oder im Alter schwärzen. Der **Schwärzende Saftling** *H. nigrescens* wird heute zu seinem Formenkreis gezählt.

Honigsaftling
Hygrocybe reidii   **ungenießbar**

Merkmale: Hut 4 (5) cm breit, fast genabelt, Hutrand durchscheinend gerieft, lappig kraus, einheitlich orangerot, Rand gelblich. Lamellen bogig bis kurz herablaufend, wachsgelb, hell orangefarben bis orangegelb, Schneiden blassgelb. Stiel bis 6 (8) cm lang, 0,5 cm dick, hohl, hutfarben, seidig glänzend. Fleisch blass orangegelblich, mit schwerem, süßlichem, kunsthonigartigem Geruch.
Speisewert: Bedeutungslos.
Vorkommen: Auf Streuwiesen im Bereich von Kalkflachmooren mit eingestreuten Birken und Fichten. In M.-EU nur vereinzelt, selten. IX-X. **RL**

Papageigrüner Saftling
Hygrocybe psittacina   **ungenießbar**

Merkmale: Hut etwa 4 cm breit, meist stumpf gebuckelt, schmierig-schleimig, Hutrand durchscheinend gerieft, Farben extrem variabel, dunkel olivgrün, blaugrün oder gelborange, bei Trockenheit ausbleichend. Lamellen angeheftet, hutfarben. Stiel etwa 6 cm lang, 0,8 cm dick, klebrig, wie der Hut gefärbt. Fleisch glasig-wässrig, brüchig; geschmack- und geruchlos.
Speisewert: Bedeutungslos, eventuell giftig.
Vorkommen: Gern gesellig in Halbtrockenrasen auf Kalk, in Mager- und Buckelwiesen, Bergweiden, Dünen und lichten Wäldern. In M.-EU verbreitet, einer der häufigsten Saftlinge. IX-X.

Zäher Saftling
Hygrocybe laeta   **ungenießbar**

Merkmale: Hut etwa 5 cm breit, schwach genabelt, in feuchtem Zustand stark schmierig, Hutrand durchscheinend gerieft; fleischrosa bis blass braunorange. Lamellen angewachsen bis herablaufend, Schneiden gelatinös, weißlich grau bis blass grauviolett Stiel etwa 6 cm lang, nur 0,5 cm dick, stark klebrig, blassrosa, an der Spitze deutlich blaugrau mit grünlichen Tönen. Fleisch glasig-wässrig; Geruch nach angebranntem Gummi.
Speisewert: Bedeutungslos.
Vorkommen: Meist gesellig in Streuwiesen an Moorrändern, in Mager- und Buckelwiesen, Dünen und lichten, grasigen Wäldern. In M.-EU weit verbreitet, aber nirgends häufig. IX-X. **RL**

Menningroter Saftling
Hygrocybe miniata   **ungenießbar**

Merkmale: Hut bis zu 5 cm breit, kräftig rot, fein gelblich rauschuppig. Lamellen ausgerandet bis kurzzahnig angewachsen, orangegelblich getönt, Schneiden uneben, gelb. Stiel bis zu 5 cm lang, nur 0,5-0,7 cm dick, rötlich gelb, matt glänzend. Fleisch im Stiel stark faserig, gelblich; geruchlos.
Speisewert: Bedeutungslos.
Vorkommen: Auf naturbelassenen Wiesen, in offenen, grasigen Wäldern und Dünen. In M.-EU weit verbreitet und nicht selten. VIII-X.
Wissenswertes: Es gibt eine Reihe ähnlicher Saftlinge. Die genaue Bestimmung erfordert Erfahrung.

Schnürsporiger Saftling
Hygrocybe quieta   **ungenießbar**

Merkmale: Hut bis zu 8 cm breit, meist stumpf gebuckelt, feucht etwas schmierig, glatt, zitronengelb bis gelborange. Lamellen breit angewachsen, zunächst gelb, später gelborange. Stiel etwa 7 (9) cm lang, bis 1 cm dick, trocken, eingewachsen längsfaserig, hutfarben, an der Basis weiß. Fleisch gelborange; Geruch seifig-zichorienartig.
Speisewert: Bedeutungslos.
Vorkommen: In lichten, grasigen Laubwäldern auf Kalk, gern unter Hasel. In M.-EU weit verbreitet, aber nirgends häufig vorkommend. IX-X. **RL**
Wissenswertes: Diese Art, auch unter *H. obrussea* geführt, ist nur mikroskopisch sicher bestimmbar.

Dattelbrauner Ellerling *Hygrocybe colemanniana*   **ungenießbar**

Merkmale: Hut etwa 5 cm breit, glatt, Hutrand schwach gerieft, fettig braun bis rotbräunlich. Lamellen angewachsen, mit Zähnchen herablaufend, wachsartig, weißlich bis bräunlich getönt. Stiel schlank, bis 5 cm lang, 0,8 cm dick, glatt bis leicht faserig, weißlich cremefarben. Fleisch weißgrau, Geruch und Geschmack unbedeutend.
Speisewert: Bedeutungslos.
Vorkommen: Auf Trocken- und Halbtrockenrasen, Streuobstwiesen, gern auf Kalkböden. In M.-EU weit verbreitet, aber nur vereinzelt. IX-X. **RL**
Wissenswertes: Die Art hieß früher *Camarophyllus colemannianus* und ist nach den meisten Autoren identisch mit *C. subradiatus*.

Märzschneckling, Schneepilz *Hygrophorus marzuolus* **essbar**

Merkmale: Hut bis zu 15 (20) cm breit, dickfleischig, gewölbt, meist verbogen (besonders gegen den Rand hin), dann Lamellen von oben sichtbar, glatt bis eingewachsen faserig-filzig, in feuchtem Zustand etwas klebrig; fleckig weiß bis grauschwarz gefärbt. Lamellen angewachsen, wachsartig dick, bisweilen am Grund aderig verbunden, jung weiß, älter schmutzig grau. Stiel bis zu 6 (8) cm lang, 1-2 (3) cm dick, oft sehr kurz, fest, voll, anfangs weiß, manchmal grau überhaucht. Fleisch fest; weiß, unter der Huthaut grau durchgefärbt; Geruch angenehm, Geschmack mild.
Speisewert: Sehr guter, fleischiger Speisepilz.
Vorkommen: Mykorrhizapilz in Laub- und Nadelwäldern, besonders unter Weißtannen, auf neutralen bis sauren Böden, wächst einzeln oder häufig auch in kleinen Gruppen, vorzugsweise in Mittelgebirgslagen. In M.-EU ist der M. weit verbreitet, in D reicht sein Hauptverbreitungsgebiet ungefähr bis zur Mainlinie, nördlich davon ist er selten zu finden. III-V. RL

Wissenswertes: Der M. wächst oft schon während der Schneeschmelze, hin und wieder sogar in Wärmeperioden des Winters, manchmal auch erst zum Laubaustrieb. Er bildet seine Fruchtkörper im tiefen Rohhumus aus und erscheint oft nur wenig oder mit Humus bedeckt an der Oberfläche.

Ähnlich: Der kleinere **Graubraune Schneckling** *H. camarophyllus,* eine seltene Art montaner Nadelwälder, erscheint im Herbst; **essbar**. RL
Verwandt: Der **Orangeschneckling** *H. pudorinus* (Bild) wächst nur unter Weißtannen, auf lehmig-kalkhaltigen Böden; **bedingt essbar.**

Braunscheibiger Schneckling *Hygrophorus discoideus* **essbar**

Merkmale: Hut bis etwa 6 cm breit, relativ dünnfleischig, halbkugelig bis flach gewölbt mit breitem, stumpfem Buckel, in feuchtem Zustand schmierig, schleimig, bei Trockenheit glatt; beige bis ockerbräunlich, Hutmitte stets dunkler gefärbt; Hutrand etwas heruntergebogen, heller beige, beim jungen Pilz durch schleimiges Velum mit dem Stiel verbunden. Lamellen angewachsen bis etwas herablaufend, mit kürzeren Zwischenlamellen untermischt, wachsartig dick, cremefarben bis beige. Stiel bis etwa 5 cm lang, 0,8 (1) cm dick, mehr oder weniger zylindrisch, bisweilen verbogen, klebrig, oben weißlich punktiert, abwärts oft cremefarben bräunlich. Fleisch cremefarben; Geruch unbedeutend, Geschmack mild.
Speisewert: Essbar, aber kein ausgesprochen guter Speisepilz.
Vorkommen: Mykorrhizapilz der Fichte, in montanen, feuchten Nadelwäldern, auf kalkhaltigen Böden, wächst einzeln, oft auch zusammen stehend und in großen Scharen, in Nadelstreu und an moosigen Stellen. In Süddeutschland gebietsweise häufig, sonst eher selten. IX-XI.

Wissenswertes: In der Gattung der Schnecklinge *Hygrophorus* gibt es etwa 45 Arten, sie sind durch schleimig, schmierige Hüte; angewachsene bis herablaufende, dicke wachsartige Lamellen und weißes Sporenpulver gekennzeichnet. Einige sind essbar, giftige Arten sind nicht bekannt.

Ähnlich: Der B.S. kann mit einem **Dunkelscheibigen Fälbling** *Hebeloma mesophaeum* (weitere Fälblinge ⇨ S.118) verwechselt werden. Dieser hat aber blassbraune Lamellen und braunes Sporenpulver; **ungenießbar.**
Verwandt:
Natternstieliger Schneckling *Hygrophorus ulivaceoalbus* (Bild), ist ein im Herbst in moosreichen Fichtenwäldern wachsender, schmächtiger Pilz; **essbar.**

Violetter Lacktrichterling *Laccaria amethystea*   **essbar**

Merkmale: Hut bis etwa 5 cm breit, relativ dünnhäutig, anfangs halbkugelig, dann flach gewölbt mit vertiefter Mitte, beinahe genabelt, feucht fast glatt, trocken faserig oder auch filzig-schuppig; beim jungen Pilz kräftig violett, beim älteren bräunlich violett, bei Trockenheit sehr hell ausbleichend. Lamellen angewachsen, mit kürzeren Lamellen untermischt, relativ weit auseinander stehend, etwas dick, violett, im Alter vom Sporenpulver weiß bestäubt. Stiel bis etwa 6 (10) cm lang und 0,5 (1) cm dick, mehr oder weniger zylindrisch, schlank, hohl, bisweilen verbogen, längsfaserig, wie der Hut gefärbt. Fleisch dünn, blassviolett; Geruch unbedeutend, Geschmack mild.

Speisewert: Essbar, für Mischgerichte geeignet und aufgrund seiner violetten Farbe attraktiv.

Vorkommen: In Laub- und Nadelwäldern, auf kalkhaltigem ebenso wie auf saurem Untergrund, oft auf Rohböden, in Laub- und Nadelstreu, im Moos oder auf modrigem Holz. In M.-EU weit verbreitet und fast überall anzutreffen. VII-XI.

Wissenswertes: Bei der Gattung der Lacktrichterlinge *Laccaria*, die in M.-EU mit 10 Arten vertreten ist, handelt es sich um kleine bis mittelgroße, dünnfleischige, rötlich bis violett gefärbte Arten mit trockenen, kahlen bis feinschuppigen Hüten, angewachsenen, entfernt stehenden, dicklichen Lamellen und weißem Sporenpulver. Alle Arten gelten als essbar.

Verwandt: Der **Rötliche Lacktrichterling** *Laccaria laccata* kommt von der Meeresküste bis in die Alpen häufig vor; **essbar**.

Anistrichterling *Clitocybe odora*   **bedingt essbar**

Merkmale: Hut bis zu 8 (10) cm breit, anfangs halbkugelig, dann flach gewölbt mit schwachem Buckel, Rand leicht eingerollt, manchmal wellig verbogen, Oberfläche glatt, matt seidig glänzend; einheitlich kräftig blau bis graugrün, im Alter manchmal stark verblassend. Lamellen angewachsen bis am Stiel kurz herablaufend, mit kürzeren Lamellen untermischt, teilweise gegabelt, jung weißlich, älter graugrünlich. Stiel bis etwa 7 cm lang und 1 cm dick, mehr oder weniger zylindrisch, Basis bisweilen angeschwollen und filzig, Färbung blasser als der Hut. Fleisch weich und dünn, weiß bis blass blaugrünlich; Geruch und Geschmack stark anisartig.

Speisewert: Aufgrund seines meist aufdringlichen Geruchs und Geschmacks nach Hustenbonbons nur bedingt essbar.

Vorkommen: Vorzugsweise in Laub-, seltener in reinen Nadelwäldern, vor allem auf kalkhaltigen Böden, gern in dichter Laubstreu und meist in Gruppen wachsend. Dieser Trichterling ist in der ganzen gemäßigten Zone der Nordhalbkugel verbreitet und fast überall häufig. VIII-XI.

Wissenswertes: Dank seines intensiven Aromas ist der A. eigentlich kaum verwechselbar.
In der Gattung der Trichterlinge *Clitocybe* sind bis heute 77 europäischen Arten zusammengefasst. Es handelt sich hier um kleine bis große Fruchtkörper mit trichterförmigen Hüten, meist stark herablaufenden, seltener gerade angewachsenen Lamellen und weißem, cremefarbenem, rosa oder grünlich getöntem Sporenpulver. Manche Arten gelten als essbar, einige Arten sind stark giftig.

Verwandt: Der **Mönchskopf** *C. geotropa*, eine sehr langstielige, große Art, kommt in Laub- und Nadelwäldern vor; **bedingt essbar**.

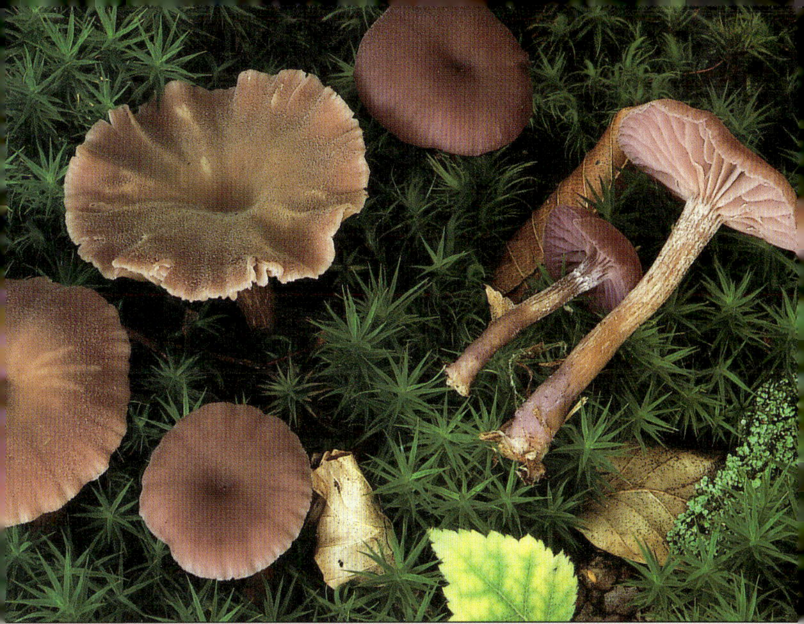

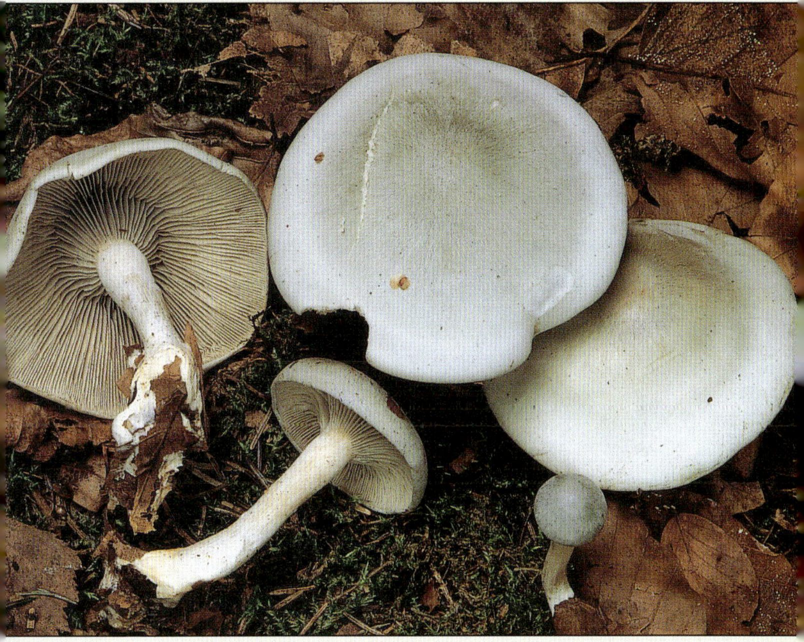

Nebelgrauer Trichterling *Clitocybe nebularis* bedingt essbar

Merkmale: Hut bis zu 15 (20) cm breit, anfangs polsterförmig gewölbt, dann flacher ausgebreitet, nur selten im Alter trichterförmig, Rand leicht eingerollt, Oberfläche glatt, matt seidig glänzend, einheitlich bräunlich aschgrau, selten reinweiß. Lamellen angewachsen oder am Stiel mit Bogen kurz herablaufend, mit kürzeren Lamellen untermischt, dicht stehend, vom Hutfleisch ablösbar, jung weißlich, älter cremefarben. Stiel bis etwa 15 cm lang und 2-5 cm dick, manchmal zylindrisch, aber auch keulig verdickt, voll, blass graubraun, längsfaserig. Fleisch kompakt, bei älteren Exemplaren weich, manchmal schwammig, weißlich; Geruch unangenehm süßlich, aber auch schwach gasartig, bisweilen fehlend, Geschmack mild.
Speisewert: Gründlich gekocht essbar. Von manchen Menschen wird der Pilz aber nicht vertragen und verursacht Verdauungsstörungen.
Vorkommen: In Laub- und Nadelwäldern, Parkanlagen und Gärten, oft gesellig, in Reihen oder Ringen wachsend, seltener einzeln stehend. In der ganzen gemäßigten Zone der Nordhalbkugel verbreitet und praktisch überall häufig. VIII.-XI.

Ähnlich: Der **Buchsblättrige Trichterling** *C. alexandri* zeichnet sich durch eher schmutzig kartonbraune Farben aus. Er wächst in wärmebegünstigten, grasigen Laubwäldern; **essbar**. Der **Keulenfußtrichterling** *C. clavipes* (Bild unten) hat einen flach trichterförmigen, braungrauen Hut, cremegelbe Lamellen und einen typisch keulenförmigen Stiel. Er ist in Laub- u. Nadelwäldern auf sauren Böden häufig; **ungenießbar**.

Feldtrichterling *Clitocybe dealbata* giftig!

Merkmale: Hut bis 6 cm breit, anfangs flach gewölbt, dann ausgebreitet, trichterförmig niedergedrückt, Rand jung leicht eingerollt, wellig, feucht glatt, trocken seidig-matt, feucht ockerlich, weißlich bereift, trocken heller weiß, oft firnißartig glänzend. Lamellen kaum herablaufend, mit kürzeren, so genannten Lamelletten, untermischt, dicht stehend, weiß-creme. Stiel bis etwa 5 cm lang und 0,3-0,6 cm dick, mehr oder weniger zylindrisch, manchmal etwas flachgedrückt, voll; längsfaserig, wie der Hut gefärbt. Fleisch wässrig weich, in feuchtem Zustand hellocker-bräunlich, trocken blasser; Geruch mehlig-spermatisch.
Speisewert: Sehr giftig! Der F. verursacht bereits kurz nach der Pilzmahlzeit typische Symptome einer Muscarin-Vergiftung, u.a. mit starkem Schweißausbruch, Speichel- und Tränenfluss, Erbrechen, Durchfall, Sehstörungen, verringertem Blutdruck und verlangsamtem Puls.
Vorkommen: Meist gesellig, seltener auch einzeln wachsend, auf Weiden und alpinen Matten, in grasigen Parkanlagen und Gärten, unter Bäumen, jedoch nicht im geschlossenen Wald, bisweilen auf nährstoffreichen Ruderalflächen. In M.-EU weit verbreitet, mancherorts häufig. VIII.-X.

Ähnlich: Der **Laubfreund-T.** *C. phyllophila* (Bild unten) ist wachsartig weiß mit gelblichen Flecken und riecht mehlig-spermatisch; **giftig!** Verwechslungsmöglichkeiten bestehen auch mit anderen weißen, kleinen Trichterlingen, die alle ebenfalls giftig oder zumindest giftverdächtig sind, so z.B. der **Wachsstielige Trichterling** *C. candicans*, der nicht auf Rasen, sondern in Laub- und Nadelwäldern wächst. Der gleichfalls ähnliche, aber essbare Mehlräsling (⇨ S.88) unterscheidet sich durch rosafarbene, herablaufende Lamellen vom F.

Fuchsiger Röteltrichterling *Lepista inversa* essbar

Merkmale: Hut bis etwa 10 cm breit, anfangs gewölbt, Rand nach unten gebogen, später flacher mit niedergedrückter Mitte, im Alter auch tiefer trichterförmig, Oberfläche matt, fuchsigbraun, gelbbraun bis ockerfarben getönt, bei Trockenheit heller ausblassend. Lamellen etwas am Stiel herablaufend, eng stehend, mit kürzeren Lamellen untermischt, vom Hut ablösbar, beim jungen Pilz weißlich, beim älteren cremefarben bis fleischrosa. Stiel bis 5 (7) cm lang und 0,5-1 cm dick, heller als der Hut, Basis weißfilzig mit dem Substrat verwachsen. Fleisch weißlich, ziemlich zäh, cremefarben; Geruch schwach süßlich, Geschmack mild.
Speisewert: Essbar, allerdings wird hin und wieder von Unverträglichkeitsreaktionen nach dem Genuss dieser Pilzart berichtet.
Vorkommen: Vor allem in Laubwäldern in der Laubstreu, aber auch in reinen Nadelwäldern in Nadelstreu, meist gesellig, in Reihen oder Ringen, seltener einzeln wachsend. In M.-EU weit verbreitet und überall häufig. VIII-XI.

Wissenswertes: Einige Autoren unterscheiden nicht zwischen dem F.R. und dem **Wasserfleckigen Röteltrichterling** *L. gilva*, der durch wässrige Tropfen auf dem Hut gekennzeichnet ist. Zwischen den beiden Arten gibt es viele Übergänge. Oft werden Laub- und Nadelwaldformen unterschieden. Unserer Meinung nach ist der Wasserfleckige R. weniger trichterförmig, kompakter, sein Hutrand häufiger nach unten gebogen.

Ähnlich: Der ähnlich gefärbte **Gebuckelte Trichterling** *Clitocybe gibba* hat in der Mitte des Huts meist einen Buckel, **bedingt essbar**.

Violetter Rötelritterling *Lepista nuda* essbar

Merkmale: Hut bis etwa 12 (15) cm breit, anfangs gewölbt, später abgeflacht und wellig verbogen, Rand bisweilen eingerollt, Oberfläche glatt, kahl, bei Feuchtigkeit etwas speckig, kräftig violettblau bis braunviolett, trocken verblassend. Lamellen am Stiel ausgebuchtet angewachsen, relativ eng stehend, mit kürzeren Lamellen untermischt, jung schön violett, älter lilabräunlich. Stiel bis zu 8 (10) cm lang und 1-3 cm dick, zylindrisch, aber auch keulig bis stark knollig, längsfaserig, heller als der Hut gefärbt, Basis violettfilzig mit dem Substrat verwachsen. Fleisch jung violett, feucht marmoriert, älter blasser; Geruch auffällig aromatisch, wie parfümiert, Geschmack mild.
Speisewert: Ergiebiger Speisepilz, für Mischgerichte gut geeignet. Der parfümierte Geruch verliert sich beim Kochen.
Vorkommen: In humusreichen Laub- und Nadelwäldern, in Parkanlagen, Gärten und Gebüschen, meist gesellig, in Reihen oder Ringen, seltener einzeln wachsend. In M.-EU weit verbreitet und überall häufig. Meist erscheint er erst im Spätherbst. VIII-XI.

Wissenswertes: Die ca. 10 Arten umfassende Gattung der Rötelritterlinge/Röteltrichterlinge *Lepista* unterscheidet sich v.a. durch cremerosa bis rosabräunliches Sporenpulver und fein- bis grobwarzige Sporen von den Trichter- bzw. Ritterlingen.

Ähnlich: Unerfahrene Pilzsammler verwechseln den V.R. immer wieder mit dem Dunkelvioletten Dickfuß (⇨ S.122). Dieser hat jedoch einen grob wildlederartig filzigen Hut, außerdem ist sein Sporenpulver rostbraun.
Der **Schmutzige Rötelritterling** *Lepista sordida* (Bild unten) ist kleiner und dünnfleischiger und hat einen schwächeren Geruch; **essbar**.

Purpurfilziger Holzritterling *Tricholomopsis rutilans* ungenießbar

Merkmale: <u>Hut</u> bis etwa 10 (15) cm breit, beim jungen Pilz halbkugelig, später gewölbt abgeflacht, Rand bisweilen eingerollt, Oberfläche trocken; auf gelblichem Grund mit feinfilzigen, angedrückten, purpurroten Schüppchen bedeckt, die zur Mitte hin dichter werden, wodurch die Scheibe einheitlich dunkelrot erscheint. <u>Lamellen</u> am Stiel ausgebuchtet oder abgerundet angewachsen, dünn, dicht stehend, mit kürzeren Lamellen untermischt, kräftig gelb, Schneiden auffallend flockig, bisweilen bräunlich gefärbt, beim frischen Pilz manchmal mit Flüssigkeitstropfen besetzt. <u>Stiel</u> bis etwa 12 cm lang und 1-1,5 cm dick, mehr oder weniger zylindrisch, oft krumm gewachsen, faserig-filzig, mit kleinen purpurfarbenen Flocken bedeckt. <u>Fleisch</u> saftig, bei älteren Exemplaren wässrig-weich, hell- bis goldgelb; Geruch eigenartig dumpf, an nasses Holz erinnernd, Geschmack mehr oder weniger stark bitter.
Speisewert: Ungenießbar, die meisten Aufsammlungen schmecken unangenehm, leicht bitter.

Vorkommen: Meist büschelig an toten Nadelholzstümpfen. In M.-EU weit verbreitet und überall häufig. VIII-XI.
Wissenswertes: Die Gattung der Holzritterlinge *Tricholomopsis*, 4 Arten, unterscheiden sich von den echten Ritterlingen (⇨S.70-74) durch stark bewimperte Lamellenschneiden (Lupe!) und dem Wachstum an Holz. Ihr Sporenpulver ist weiß.

> *Ähnlich:* Der **Olivgelbe Holzritterling** *T. decora* ist einheitlich gelb gefärbt und mit olivbraunen Schüppchen besetzt. Er wächst in montanen Nadelwäldern; ungenießbar.
>
>

Bitterer Eichenritterling *Tricholoma ustaloides* ungenießbar

Merkmale: <u>Hut</u> bis etwa 10 (13) cm breit, bei jungen Pilzen halbkugelig, später flach gewölbt, Mitte manchmal schwach gebuckelt, Rand bisweilen eingerollt, gerieft oder schwach gekerbt; bei Feuchtigkeit sehr schmierig, in trockenem Zustand seidig glänzend; eingewachsen radialfaserig; einheitlich kastanienbraun bis rotbraun gefärbt. <u>Lamellen</u> am Stiel ausgebuchtet angewachsen, ziemlich eng stehend, mit kürzeren Lamellen untermischt, zum Stiel hin teilweise gegabelt, Schneiden gekerbt; weiß, bisweilen bräunlich gefleckt. <u>Stiel</u> bis etwa 10 cm lang, 1-2,5 cm dick, zylindrisch oder leicht keulig, Basis zugespitzt, Spitze deutlich weiß abgegrenzt, dazwischen eine angedeutete faserige Ringzone, nach abwärts rotbräunlich punktiert. <u>Fleisch</u> weiß; Geruch deutlich mehlartig, Geschmack stark bitter.
Speisewert: Ungenießbar, schmeckt bitter.
Vorkommen: Mykorrhizapilz in wärmebegünstigten Laub- und Mischwälder, besonders unter Eichen, seltener unter Fichten, auf kalkhaltig-lehmigen Böden. In M.-EU weit verbreitet, aber nur sehr vereinzelt und selten vorkommend. VIII-X. RL

Wissenswertes: Die Gattung der Ritterlinge *Tricholoma* umfasst rund 70 Arten, lauter Mykorrhizapilze. Ihre Lamellen sind am Stiel ausgebuchtet angewachsen, das Sporenpulver ist weiß bis blass cremefarben. Neben essbaren gibt es auch eine Reihe giftiger Arten darunter.

> *Ähnlich:* Der **Brandige Ritterling** *Tricholoma ustale*, eine Laubwaldart, hat keine so deutlich abgegrenzte Stielspitze und ist überdies geruchlos; ungenießbar.
> Der seltene **Fastberingte Ritterling** *Tricholoma fracticum* (Bild unten) ist unter Kiefern auf Kalkböden zu finden; ungenießbar. RL
>
>

Seifenritterling
Tricholoma saponaceum   **giftig**

Merkmale: <u>Hut</u> bis zu 8 (10) cm breit, eingewachsen fein faserschuppig, in trockenem Zustand glatt seidenmatt, feucht etwas schmierig; olivgelb oder braungrau bis schwarzbraun; Rand eingerollt, heller, oft getropft fleckig; rötend, manchmal gilbend. <u>Lamellen</u> am Stiel ausgebuchtet angewachsen, relativ dick, weit stehend, schmutzig weiß, oft rötend. <u>Stiel</u> etwa 10 cm lang, 1-3 cm dick, zylindrisch bis bauchig, hutfarben oder heller, glatt oder fein schwarzschuppig. <u>Fleisch</u> weiß, oft mit olivfarbenem Ton, rötend; Geruch seifen- bzw. laugenartig, Geschmack häufig bitter.
Speisewert: Schwach giftig.
Vorkommen: Mykorrhizapilz in Laub- und Nadelwäldern, einzeln bis gesellig. In M.-EU weit verbreitet und meist häufig. VIII-X.
Wissenswertes: Der S. ist farblich äußerst variabel. Sein typischer Geruch und das Röten, bisweilen auch Gilben der Fruchtkörper sind jedoch gute Erkennungsmerkmale.

Schwefelritterling
Tricholoma sulphureum   **giftig**

Merkmale: <u>Hut</u> bis etwa 10 cm breit, trocken, glatt, matt, mit scharfem Rand, schwefelgelb bis hell gelbbraun, oft mit bräunlicher Mitte. <u>Lamellen</u> am Stiel ausgebuchtet angewachsen, relativ weitstehend, dicklich, breit, schwefelgelb. <u>Stiel</u> bis etwa 10 cm lang und 1-1,5 cm dick, zylindrisch, auch bauchig, längsfaserig, wie der Hut gefärbt oder heller. <u>Fleisch</u> dünn, brüchig, schwefelgelb; Geruch widerwärtig stechend, gasartig.
Speisewert: Schwach giftig.
Vorkommen: Mykorrhizapilz in Laub- und Nadelwäldern, einzeln bis gesellig wachsend. In M.-EU weit verbreitet und häufig. VIII-X.

> *Ähnlich:* Der **Purpurbraune Schwefelritterling** *T. bufonium* hat einen rotbraunen Hut; **giftig**. Der **Grünling** *T. equestre* (= *T. auratum*) besitzt relativ eng stehende, gelbe Lamellen und sein weiß- bis gelbliches Fleisch riecht mehlartig, er gilt neuerdings als **giftig**!

Bärtiger Ritterling *Tricholoma vaccinum*   **ungenießbar**

Merkmale: <u>Hut</u> bis etwa 7 cm breit, beim jungen Pilz halbkugelig, später flach gewölbt, trocken, Mitte leicht gebuckelt, dicht schuppig, nach außen zu stark filzig-schuppig, Rand eingerollt, wollig-flockig behangen; hell bis dunkel rotbraun gefärbt. <u>Lamellen</u> am Stiel ausgebuchtet angewachsen, relativ eng stehend, mit kürzeren Lamellen untermischt, Schneiden uneben, Tönung weißlich, später etwas bräunlich. <u>Stiel</u> bis etwa 10 cm lang und 1-2 cm dick, zylindrisch, bisweilen verbogen, Basis etwas verdickt, Spitze weiß, Oberfläche feinflockig, abwärts zunehmend rotbräunlich längsfaserig. <u>Fleisch</u> weißlich, am Anschnitt etwas braunrötlich anlaufend; Geruch schwach erdartig, Geschmack bitter.
Speisewert: Aufgrund seines unangenehm bitteren Geschmacks ungenießbar.
Vorkommen: Mykorrhizapilz der montanen Nadelwälder, unter Fichten und Kiefern, auf mäßig feuchten, etwas kalkhaltigen Böden, einzeln oder gesellig wachsend, gern an grasigen Stellen und Waldrändern. In M.-EU weit verbreitet, im S von D häufig zu finden. VIII-X.

> *Ähnlich:* Der **Feinschuppige Ritterling** *Tricholoma imbricatum*, ein Kiefernbegleiter, zeigt einen kräftigeren Wuchs und einen radialfaserigen bis feinschuppigen Hut. Sein Fleisch ist ebenfalls bitter; **ungenießbar**.
> Ein anderer braunhütiger Ritterling unter Kiefern, der Fastberingte R. (⇨S.70), besitzt einen schmierigen Hut und eine angedeutete Ringzone an der Stielspitze. Sein Fleisch riecht mehlartig, auch er schmeckt bitter.
> Der **Blassfleischige Fichtenritterling** *T. pseudonictitans* (Bild unten) ist glatthütig, hat blassgelbe Lamellen, keine weiße Stielspitze und wächst im Bergnadelwald; **ungenießbar**.

Gewöhnlicher Erdritterling *Tricholoma terreum* **essbar**

Merkmale: Hut bis etwa 7 cm breit, jung kegelförmig, später leicht gewölbt, Mitte gebuckelt, trocken, radialfaserig bis feinfilzig, schiefergrau, manchmal sehr dunkel mit schwarzen Tönen. Lamellen am Stiel ausgebuchtet angewachsen, mäßig gedrängt stehend, Schneiden etwas gesägt, schartig, jung schmutzig weiß, später deutlich grau. Stiel bis etwa 7 cm lang und 1-1,5 cm dick, zylindrisch, faserig, älter manchmal hohl, schmutzig weiß, bisweilen grau überhaucht. Fleisch weißlich, unter der Huthaut grau durchgefärbt; geruchlos, Geschmack mild.

Speisewert: Guter Speisepilz.

Vorkommen: Mykorrhizapilz unter Kiefern und Fichten, auf etwas kalkhaltigen Böden, gern an grasigen Stellen, einzeln bis gesellig. In M.-EU weit verbreitet und örtlich häufig. IX-X.

Wissenswertes: Es gibt eine ganze Reihe ähnlicher grauhütiger, faseriger bis schuppiger Erdritterlinge. Der kleinere **Mausgraue E.** *T. myomyces* wächst in grasigen Kiefernwälder und ist stärker faserig-filzig. Der seltenere **Große E.** *T. gausapatum* ist strubbelig wollig-schuppig und hat sehr breite, tief ausgerandete Lamellen. Der **Rußstielige E.** *T. triste* ist kleiner, sein Hut und der kurze Stiel sind mehr graubraun gefärbt, er bevorzugt feuchte Laubwälder. Alle diese Arten riechen nicht mehlartig und sind **essbar**.

Der **Brennende Ritterling** *T. virgatum*, eine Nadelwaldart, ist mehr glockig-kegelig, eher glatthütig, silbergrau und schmeckt brennend scharf; **giftig**.

Verwandt: Der **Schuppenstielige Erdritterling** *T. squarrulosum* riecht aromatisch pfefferartig und ist in Laubwäldern zu finden; **essbar**.

Tigerritterling *Tricholoma pardalotum* **giftig!**

Merkmale: Hut bis zu 12 (18) cm breit, jung fast halbkugelig, später gewölbt bis flach ausgebreitet, oft unregelmäßig gebogen, Mitte bisweilen stumpf gebuckelt oder niedergedrückt, trocken, Rand beim jungen Pilz eingebogen; Oberfläche grau bis graubräunlich, eingewachsen radialfaserig bis feinschuppig, Scheitel oft auch fast glatt erscheinend; älter auf schmutzig weißem Grund graubraun bis grauschwarz faserschuppig, bisweilen auch mit aufgebogenen Schuppen. Lamellen am Stiel ausgebuchtet angewachsen, nicht sehr eng stehend, bauchig, zunächst schmutzig weiß, später cremefarben, bisweilen mit grünlichem Schimmer, Schneiden bei jungen Pilzen oft tränend. Stiel 10 (15) cm lang, 1,5-3 (5) cm dick, zylindrisch, bauchig oder keulig, an der Spitze flockig punktiert, frisch oft mit wässrigen Tröpfchen besetzt, abwärts feinfaserig bis schuppig, schmutzig weiß, Basis bisweilen rotbräunlich. Fleisch weißlich; Geruch und Geschmack mehlartig.

Speisewert: Der T. löst bereits relativ kurz nach seinem Verzehr heftiges Erbrechen und sturzwasserartige Durchfälle aus, begleitet von Bauchschmerzen, Schweißausbrüchen, Angstzuständen und starkem Durst.

Vorkommen: Mykorrhizapilz montaner Laub- und Nadelwäldern, vorzugsweise auf kalkhaltigen Böden. In M.-EU weit verbreitet, örtlich häufig, im norddeutschen Flachland fehlend. VIII-IX. RL

Wissenswertes: Nur kritiklosen Sammlern unterläuft eine Verwechslung mit Täublingen. Der kleinere, dünnfleischige **Gilbende Erdritterling** *T. scalpturatum* bekommt älter gelblich fleckende Lamellen. Er wächst unter Laubbäumen; **essbar**.

Diese mehr braun gefärbten Exemplare mit der grobschuppig aufgerissenen Hutoberfläche zeigt die große Variabilität des Tigerritterlings.

Weißer Rasling *Lyophyllum connatum*

ungenießbar

Merkmale: Hut bis etwa 8 (12) cm breit, jung halbkugelig, dann flach gewölbt, oft unregelmäßig wellig gebogen, Mitte bisweilen stumpf gebuckelt oder niedergedrückt, Rand beim jungen Pilz eingebogen, Oberfläche matt bis seidig glänzend, in trockenem Zustand reinweiß, firnisartig bereift, feucht weißlich bleigrau. Lamellen am Stiel angewachsen, im Alter etwas herablaufend, dicht stehend, jung weiß, älter gelblich cremefarben. Stiel etwa 10 cm lang, 1-1,5 (2) cm dick, mehr oder weniger zylindrisch, oft gebogen, weißlich. Fleisch knorpelig-brüchig, weiß; Geruch schwach mehlartig, etwas parfümiert, an den Duft des Lerchensporns erinnernd, Geschmack mild.

Speisewert: Der W.R. galt früher als essbar. Neuerdings wird vor dem Verzehr gewarnt, der Pilz soll eine das Erbgut verändernde Wirkung haben.

Vorkommen: In Wäldern und Parks, gern entlang geschotterter Wege, an bodenfeuchten, grasigen Stellen, meist in großer Zahl dicht büschelig. In M.-EU weit verbreitet, örtlich häufig. VIII-X.

Wissenswertes: Die Gattung der Raslinge *Lyophyllum* umfasst etwa 47 Arten. Es gibt büschelig sowie einzeln wachsende, weiß, grau, braun oder lila bis violett gefärbte, große bis sehr kleine Arten. Manche davon laufen bei Verletzung blau oder schwarz an. Der Geruch ist oft mehlartig-ranzig, das Sporenpulver stets cremeweiß. Es befinden sich keine Speisepilze unter den Raslingen.

Verwandt: Der **Gepanzerte Rasling** *L. loricatum* wächst ebenfalls büschelig und unterscheidet sich durch seine oliv- bis kastanienbraunen, knorpelig harten Hüte; **ungenießbar**.
Das **Wurzel-Graublatt** *L. rancidum* (Bild), eine kleine Art mit wurzelartig verlängertem Stiel, ist vor allem zwischen Falllaub oder auch Nadelstreu zu finden; **ungenießbar**.

Maipilz, Mairitterling *Calocybe gambosa*

essbar

Merkmale: Hut bis etwa 10 (12) cm breit, jung halbkugelig, dann flachgewölbt, häufig unregelmäßig rund, Rand eingerollt, oft einseitig eingebuchtet; trocken, matt, reinweiß bis cremeweiß, älter manchmal gelbbräunlich. Lamellen am Stiel ausgebuchtet oder schmal angewachsen, dicht stehend, unregelmäßig untermischt, schmal, beim jungen Pilz weiß, beim älteren cremefarben. Stiel etwa 8 (10) cm lang, 1-2 cm dick, kräftig, mehr oder weniger zylindrisch, bisweilen etwas knollig; weißlich. Fleisch dickfleischig, fest, weiß; Geruch und Geschmack stark mehlartig.

Speisewert: Der Maipilz wird zu den guten Speisepilzen gerechnet und lockt vor allem aufgrund der frühen Jahreszeit seines Erscheinens die Sammler in die Wälder. Sein strenger Mehlgeschmack sagt allerdings nicht jedermann zu.

Vorkommen: In Laub- und Nadelwäldern, in Parkanlagen, auf kalkhaltigen Böden, gern an grasigen oder krautigen Stellen, einzeln wachsend bis gesellig, oft in mehr oder weniger großen Ringen. In M.-EU weit verbreitet, gebietsweise häufig. Nicht selten schon Ende April, IV-VI.

Wissenswertes: Eine Verwechslungsgefahr besteht mit dem stark giftigen Ziegelroten Risspilz (⇨ S. 118), der etwa zur selben Jahreszeit gern in Parkanlagen unter Buchen erscheint.
Von der Gattung der Schönköpfe *Calocybe* sind 13 Arten beschrieben. Ihre Fruchtkörper können klein oder groß sein, die Hüte, Lamellen und Stiele neben weiß auch gelblich, gelb, rosa, violettlich oder braun. Das Sporenpulver ist weiß bis hell cremefarben, der Geruch meist mehlartig. Bis auf den Maipilz sind keine weiteren Speisepilze dabei.

Eine gute Bestimmungshilfe sind beim Maipilz die dicht gedrängten, weißlichen, nicht rötenden Lamellen.

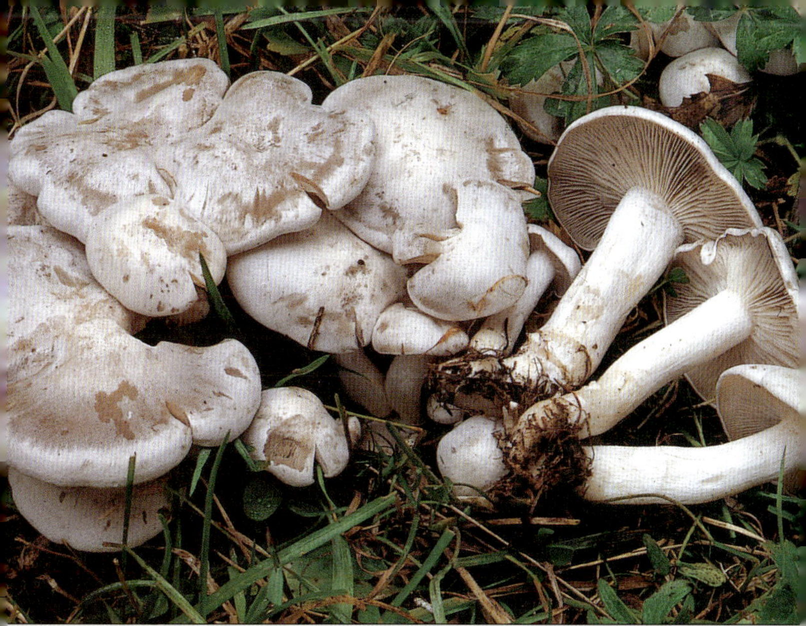

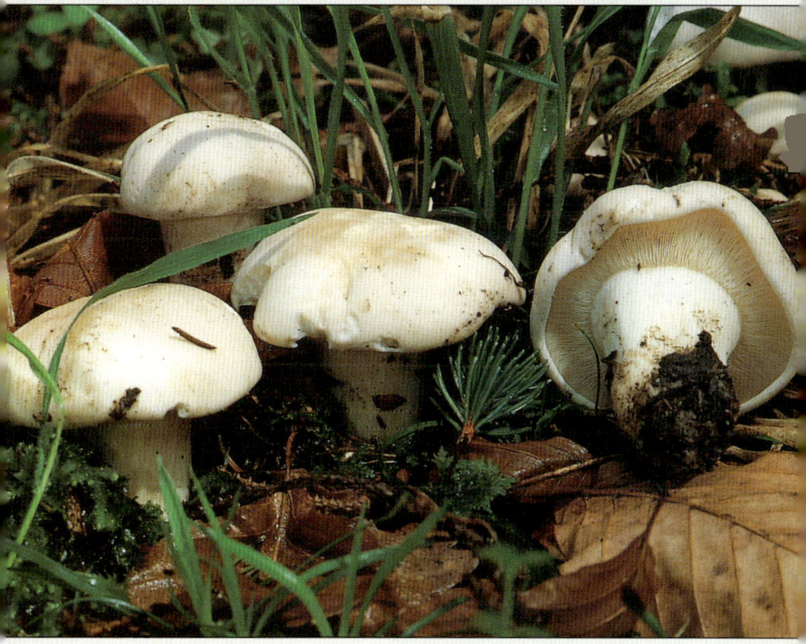

Bitterer Krempenritterling *Leucopaxillus gentianeus* ungenießbar

Merkmale: <u>Hut</u> bis etwa 10 (15) cm breit, jung gewölbt, bald verflachend, manchmal auch etwas niedergedrückt, oft unregelmäßig rund, nach außen zu meist deutlich gerippt, gerieft, Rand eingerollt, Oberfläche trocken, matt, fein samtig oder wildlederartig; zimtrotbraun, bisweilen mit weißlichem Reif überzogen. <u>Lamellen</u> am Stiel angewachsen, dicht stehend, unregelmäßig untermischt, relativ schmal, weißlich, manchmal rostbraun fleckig. <u>Stiel</u> bis zu 8 (10) cm lang, 1-2 cm dick, mehr oder weniger zylindrisch, bisweilen keulig, weiß bis blass bräunlich gefärbt. <u>Fleisch</u> relativ weich, weiß; Geruch mehlig-ranzig, Geschmack stark bitter.
Speisewert: Wegen der Bitterkeit ungenießbar.
Vorkommen: In Laub- und Mischwäldern, unter Eichen, Buchen, gern in Laubstreu, seltener in Kiefernwäldern, im Mittelmeerraum unter Stein- und Korkeichen, einzeln, oft auch büschelig wachsend. In M.-EU weit verbreitet, aber nur selten und vereinzelt vorkommend. VIII-X. **RL**

Wissenswertes: Die Gattung der Krempenritterlinge *Leucopaxillus,* auch oft als Krempentrichterlinge bezeichnet, enthält 19 Arten. Es handelt sich um mittelgroße bis große Pilze mit weißen oder braunen Hüten, lange eingerolltem, meist geripptem Hutrand und weißen bis gelblichen oder rosafarbenen, angewachsenen Lamellen; Sporenpulver weiß bis cremefarben.
Ähnlich: Der **Weiße Krempenritterling** *L. candidus (= L. giganteus)* ist auf Bergwiesen und in Nadelwäldern der Alpen zu finden; **essbar**.

Ein gutes Kennzeichen des Bitteren Krempenritterlings, der lat. auch L. amarus heißt, ist der radial gerippte Hutrand.

Dunkler Hallimasch *Armillaria ostoyae* essbar

Merkmale: <u>Hut</u> bis 8 (10) cm breit, jung gewölbt, Rand eingerollt, mit Velumresten behangen, bald verflachend, manchmal auch etwas niedergedrückt, oft unregelmäßig hochgebogen, nach außen hin meist deutlich gerieft; auf braunem bis violettbraunem Grund dunkelbraun sparrig schuppig, zur Mitte hin dichter. <u>Lamellen</u> am Stiel angeheftet, dicht stehend, unregelmäßig untermischt, cremeweiß, rotbraun fleckend. <u>Stiel</u> bis zu 10 cm lang, 1-2 cm dick, zylindrisch, Basis bisweilen verdickt, oberhalb des häutig-filzigen, braunrandigen Rings weiß, abwärts bräunlich, faserig-flockig schuppig. <u>Fleisch</u> dünn, jung weiß, älter rosabräunlich; Geruch angenehm, Geschmack mild, nach einiger Zeit jedoch im Rachen kratzend.
Speisewert: In rohem Zustand giftig! Ungenügend gekocht kann der D.H. heftige Magen-Darmbeschwerden hervorrufen. Ansonsten stellt er einen ergiebigen Speisepilz dar, von dem aber nur die jungen Hüte gesammelt werden.
Vorkommen: Meist in dichten Büscheln an totem und lebendem Nadelholz. In M.-EU verbreitet und mancherorts häufig. IX-XI.

Wissenswertes: Zur Gattung Hallimasch *Armillaria* werden neuerdings 7 Arten gezählt. Fruchtkörper meist büschelig an Holz wachsend, mit bräunlich-gelben, faserig-sparrig schuppigen Hüten, weißlichen Lamellen, grobfaserigem Stiel, oft mit faserig-häutigem, einige Arten auch ohne Ring; Sporenpulver weiß-satt creme. Manche Arten sind als Parasiten gefürchtete Forstschädlinge.

Ähnlich: Der **Ringlose Hallimasch** *A. tabascens* wächst an Eichen und Edelkastanien und ist vorwiegend in S-EU zu finden; **essbar**. **RL** Der **Honiggelbe Hallimasch** *A. mellea* (Bild unten) ist eine an Laubholz wachsende, durch eher gelbe Farben gekennzeichnete Art; **essbar**.

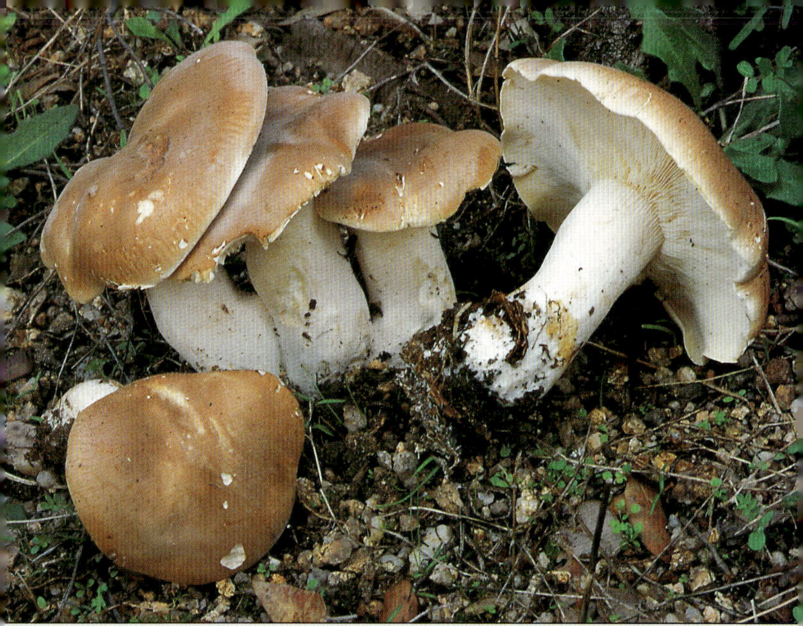

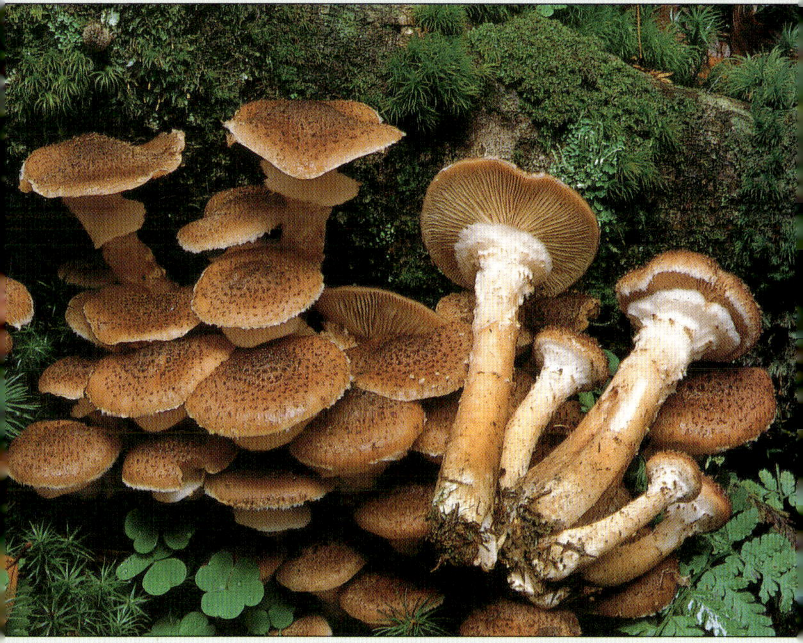

Frühlingsweichritterling
Melanoleuca cognata   essbar

Merkmale: <u>Hut</u> bis zu 10 cm breit, flach gewölbt bis gebuckelt, älter in der Mitte oft niedergedrückt, glatt, gelbockerbraun. <u>Lamellen</u> ausgebuchtet angewachsen, dicht stehend, jung weiß, älter gelblich ocker. <u>Stiel</u> etwa 10 cm lang, 1-2 cm dick, längsstreifig, hell graubraun. <u>Fleisch</u> etwas gelblich; Geruch säuerlich, Geschmack mild.
Speisewert: Essbar, aber kein guter Speisepilz.
Vorkommen: In Nadelwäldern, an grasbestandenen Wegrändern, in Rindenmulch oder Reisighaufen, auch in Gärten. In M.-EU weit verbreitet und örtlich häufig. IV-VI, selten auch im Herbst.

Butterrübling *Rhodocollybia*
butyracea forma *butyracea*   essbar

Merkmale: <u>Hut</u> bis zu 8 cm, kahl, bei Feuchtigkeit fettig glänzend, rot- bis dunkelbraun, trocken verblassend. <u>Lamellen</u> abgerundet angewachsen, dicht stehend, weiß. <u>Stiel</u> etwa 9 cm lang, 1 cm dick, meist hohl, längsfaserig, Basis oft weißfilzig, blasser als der Hut. <u>Fleisch</u> weißlich, dünnfleischig; Geruch unbedeutend, Geschmack mild.
Speisewert: Als Speisepilz unbedeutend.
Vorkommen: Laub- und Nadelwälder auf sauren Böden. In M.-EU weit verbreitet, häufig. IX-X.
Ähnlich: Auf nährstoffreicheren Böden wächst der heller gefärbte und sehr häufige **Horngraue Rübling** *R. butyracea* f. *asema*; **essbar**.

Brennender Rübling *Gymnopus*
peronatus   ungenießbar

Merkmale: <u>Hut</u> bis 5 (7) cm, gewölbt bis abgeflacht, Mitte manchmal gebuckelt, ledrig, eingewachsen radialfaserig, leicht glänzend, bisweilen runzelig, blass rötlichbraun mit gelben Tönen, besonders am Rand. <u>Lamellen</u> abgerundet angewachsen, eher weit stehend, gegabelt, gelblichbraun. <u>Stiel</u> bis zu 8 cm lang, 0,5 cm dick, ledrig zäh, längsfaserig, rein gelb bis gelbbräunlich, Basis oft gelbfilzig. <u>Fleisch</u> zäh, gelblich; Geruch würzig, Geschmack anfangs mild, dann pfefferartig scharf, lange auf der Zunge brennend.
Speisewert: Ungenießbar, da brennend scharf.
Vorkommen: In Laub- und Nadelwäldern. In M.-EU weit verbreitet und überall häufig. VIII-X.

Gefleckter Rübling *Rhodo-*
collybia maculata   ungenießbar

Merkmale: <u>Hut</u> bis 10 cm breit, flach gewölbt bis etwas gebuckelt, kahlhütig, weiß, mit rostfarbenen Flecken wie punktiert. <u>Lamellen</u> abgerundet angewachsen, sehr dicht stehend, weiß. <u>Stiel</u> etwa 10 cm lang, 1-2 cm dick, starr, oft verdreht, längsstreifig, wie der Hut gefärbt. <u>Fleisch</u> weiß, fest, etwas zäh; Geruch aromatisch, Geschmack mehr oder weniger stark bitter.
Speisewert: Ungenießbar, schmeckt bitter.
Vorkommen: In Nadelwäldern auf oberflächlich versauerten Böden, oft gesellig oder in Ringen. In M.-EU weit verbreitet und örtlich häufig. IX-X.

Waldfreundrübling
Gymnopus dryophilus   essbar

Merkmale: <u>Hut</u> bis zu 6 cm, glatt, in feuchtem Zustand ockergelb bis bräunlich, trocken zu nahezu cremeweiß verblassend. <u>Lamellen</u> abgerundet angewachsen, dicht stehend, weiß bis blassgelb. <u>Stiel</u> bis 7 cm lang, 0,5 cm dick, meist hohl, längsfaserig, Basis oft an dickeren weißen Myzelfasern haftend, blasser als der Hut. <u>Fleisch</u> weißlich, wässrig; Geschmack mild.
Speisewert: Als Speisepilz unbedeutend.
Vorkommen: In Laub- und Nadelwäldern. In M.-EU weit verbreitet, sehr häufig. VIII-X.
Wissenswertes: Alle Rüblinge wurden früher in nur einer Gattung *Collybia* zusammengefasst.

Knopfstieliger Rübling
Gymnopus confluens   ungenießbar

Merkmale: <u>Hut</u> bis zu 4 cm breit, meist glockig gewölbt, seidenmatt, am Rand etwas gerieft, feucht bräunlich, trocken zu cremeweiß verblassend. <u>Lamellen</u> abgerundet angewachsen, dicht stehend, Schneiden fein gewimpert, cremeweiß. <u>Stiel</u> bis zu 8 (10) cm lang, etwa 0,5 cm dick, ledrig zäh, längsfaserig, rotbraun, Spitze heller, Basis weißfilzig. <u>Fleisch</u> dünn, zäh, weiß; Geruch und Geschmack unbedeutend.
Speisewert: Nicht giftig, aber wertlos.
Vorkommen: In Laub- und Nadelwäldern. In M.-EU weit verbreitet und überall häufig. VIII-X.
Wissenswertes: Zieht man den Hut vom Stiel ab, ist eine knopfartige Stielspitze erkennbar.

Beringter Schleimrübling *Oudemansiella mucida* **bedingt essbar**

Merkmale: <u>Hut</u> bis etwa 6 (8) cm breit, jung fast halbkugelig, später flach gewölbt, Rand häufig überstehend, feucht stark schleimig, trocken runzelig, rein weiß bis eierschalenfarben, älter blass bräunlich. <u>Lamellen</u> am Stiel ausgebuchtet angewachsen, breit, bauchig, weit auseinander stehend, am Grund queraderig verbunden, weißlich. <u>Stiel</u> bis etwa 8 cm lang, 0,5-0,8 cm dick, schlank, zerbrechlich, Basis zwiebelförmig verdickt, oberhalb des häutigen, weißen, bisweilen auch braunrandigen Rings, weiß, abwärts bräunlich. <u>Fleisch</u> sehr dünn, weiß; in Geruch und Geschmack unbedeutend.

Speisewert: Die beinahe gallertartige Beschaffenheit des sehr dünnen Fleisches macht den Pilz für den Sammler wertlos.

Vorkommen: An Stämmen und Ästen von Laubholz, besonders von Buchen, meist in dichten Büscheln, bisweilen einzeln, auf Baumscheiben, in Astlöchern und Stammwunden. In M.-EU weit verbreitet und mancherorts häufig. IX-XI.

Wissenswertes: Der Pilz ist die einzige europäische Schleimrüblingsart mit Ring und daher leicht kenntlich. Im Mittelmeerraum wächst zwischen Strandhafer der **Südliche Schleimrübling** *O. mediterranea*. Er ist kleiner, beige bis rotbräunlich gefärbt, ringlos und hat einen wurzelartig verlängerten Stiel; **bedingt essbar**.

In jüngerer Zeit wurden die Wurzelrüblinge von den Schleimrüblingen abgetrennt und in eine eigene Gattung *Xerula* gestellt. Als äußeres Merkmal dient hier im Wesentlichen der samtige Hut und Stiel. Bei beiden Gattungen ist das Sporenpulver weiß, alle Arten sind **bedingt essbar**.

Verwandt: Der **Wurzelnde Schleimrübling** *O. radicata*, ein langstieliger, tief wurzelnder Pilz, wächst im Buchenwald; **bed. essbar**.

Breitblättriger Holzrübling *Megacollybia platyphylla* ungenießbar

Merkmale: <u>Hut</u> bis über 10 cm breit, beim jungen Pilz fast halbkugelig, später flach gewölbt bis ausgebreitet, Hutrand scharfkantig, bisweilen eingerissen, trocken, deutlich eingewachsen radialfaserig, dunkelbraun bis graubraun, manchmal mit olivgrüner Tönung. <u>Lamellen</u> am Stiel ausgebuchtet angewachsen und mit Zahn herablaufend, sehr breit, bauchig, weit auseinander stehend, unregelmäßig untermischt, oft eingerissen, weißlich, später bräunlich cremefarben, Schneiden manchmal dunkler braun gefärbt. <u>Stiel</u> bis etwa 12 cm lang, 1-2,5 cm dick, zylindrisch, knorpelig, an der Basis mit weißen, dicken Myzelsträngen, den so genannten Rhizomorphen, verbunden, schmutzig bräunlichweiß. <u>Fleisch</u> sehr dünn, brüchig, weiß; Geruch unbedeutend, Geschmack manchmal etwas bitter.

Speisewert: Nach dem Genuss dieses Pilzes sind Magen-Darmbeschwerden bekannt geworden.

Vorkommen: Auf modernden Baumstümpfen und im Rohhumus vergrabenen Holzstückchen, besonders von Laubholz. In M.-EU weit verbreitet und überall häufig. VII-XI.

Wissenswertes: Nach heutiger Anschauung ist der B.H. ist die einzige Art der Gattung Holzrüblinge. Sein Sporenpulver ist weiß. Im Lauf der Jahre wurde diese relativ große Art schon verschiedenen Gattungen zugeordnet, so den Holzritterlingen (⇨S.70), den Ritterlingen (⇨S.70), den Rüblingen (⇨S.80) und den Schleimrüblingen (⇨oben).

Großes Bild rechts: Vergleichsweise helle, rotbraun gefärbte Fruchtkörper des Breitblättrigen Holzrüblings.
Bild unten: Bei diesen Exemplaren herrschen mehr olivbraune Farbtöne vor. Eine gutes Bestimmungsmerkmal für die Art ist die konzentrisch gezeichnete und deutlich eingewachsen radialfaserige Hutoberfläche.

Fichtenzapfen-Nagelschwamm
Strobilurus esculentus   **essbar**

Merkmale: Hut nur 2,5 (3,5) cm breit, gewölbt bis ausgebreitet, dünn, kahl, glatt, in feuchtem Zustand dunkelbraun bis braungrau, trocken heller. Lamellen relativ dicht stehend, dünn, weiß bis blassgrau. Stiel etwa 6 cm lang, 0,3 cm dünn, schlank, zerbrechlich, gelbbräunlich, mit striegelig wurzelnder Basis. Fleisch dünn; Geruch und Geschmack unbedeutend.
Speisewert: Essbar, aber mühselig zu sammeln.
Vorkommen: Auf herabgefallenen und eingegrabenen Fichtenzapfen. In M.-EU weit verbreitet, häufig. Bereits im zeitigen Frühjahr, III-V.

Knoblauchschwindling
Marasmius scorodonius   **essbar**

Merkmale: Hut 2 (3) cm, glatt bis rippig-riefig, feucht hell ockerbräunlich, trocken blasser. Lamellen entfernt stehend, dünn, weißlich. Stiel 4 (6) cm lang, nur 0,1-0,2 cm dünn, zäh, rotbraun, abwärts dunkler schwarzbraun. Fleisch ledrig; Geruch und Geschmack intensiv knoblauchartig.
Speisewert: Sehr begehrter Würzpilz.
Vorkommen: In Nadelwäldern, meist sehr gesellig in Nadelstreu. In M.-EU weit verbreitet. VIII-X.
Wissenswertes: Der K. heißt auch Mousseron. Der auf Nadeln wachsende **Nadelschwindling** *Micromphale perforans* ist ähnlich, riecht aber unangenehm, etwas kohlartig, **ungenießbar**.

Rosa Rettichhelmling
Mycena rosea   **giftig**

Merkmale: Hut bis etwa 6 cm breit, in der Mitte stumpf gebuckelt, dünnfleischig, glatt, bei Feuchtigkeit durchscheinend gerieft, schön rosafarben, trocken blasser. Lamellen dünn, weiß bis hellrosa. Stiel bis zu 10 cm lang, 0,5-1 cm dick, starr, im Alter hohl, glatt, weiß bis blassrosa. Fleisch weiß; Geruch und Geschmack rettichartig.
Speisewert: Enthält Muscarin! (⇨ S.66 unten)
Vorkommen: In Laubwäldern auf kalkhaltigen Böden; meist gesellig in feuchter Laubstreu. In M.-EU weit verbreitet, örtlich häufig. VIII-X.
Wissenswertes: Die Helmlinge *Mycena* umfassen über 100 meist kleine, helmhütige, verschiedenfarbige Arten. Ihr Sporenpulver ist weiß.

Nelkenschwindling
Marasmius oreades   **essbar**

Merkmale: Hut 4 (6) cm breit, gewölbt bis ausgebreitet, mit stumpfem Buckel, kahl, Rand oft gefurcht, bei Feuchtigkeit blass orangebraun, trocken cremebeige. Lamellen entfernt stehend, untermischt, weiß-blass creme. Stiel etwa 8 cm lang, 0,5 cm dick, schlank, zäh, beige bis bräunlich. Fleisch dünn, blass; Geruch angenehm, nach frischen Sägespänen, Geschmack leicht würzig.
Speisewert: Essbar, guter Würzpilz, auch zum Trocknen geeignet.
Vorkommen: In grasigen Flächen, oft in Reihen und Ringen. In M.-EU weit verbreitet, häufig. V-IX.

Langstieliger Knoblauchschwindling
Marasmius alliaceus   **ungenießbar**

Merkmale: Hut 4 (5) cm, dünnhäutig, etwas runzelig, milchig weiß bis bräunlich. Lamellen entfernt stehend, schmutzig weiß. Stiel 10 (15) cm lang, 0,1-0,3 cm dünn, zäh, Spitze braun, abwärts schwarzbraun, matt bereift. Fleisch ledrig; Geruch stark knoblauchartig.
Speisewert: Sein Verzehr kann Verdauungsbeschwerden verursachen.
Vorkommen: In Buchenwald, in Laubstreu und auf modrigem Holz. In M.-EU weit verbreitet. VIII-X.
Wissenswertes: Der ähnliche **Große Knoblauchschwindling** *M. querceus* hat einen purpurbraunen Stiel u. schmeckt brennend scharf; **ungenießbar**.

Rettichhelmling
Mycena pura   **giftig**

Merkmale: Hut bis etwa 5 cm, dünnfleischig, glatt, feucht durchscheinend gerieft, lilaviolett bis braungrauviolettlich, trocken stark verblassend. Lamellen weißlich grauviolett. Stiel bis 8 cm lang, 0,5-1 cm dick, wie der Hut gefärbt. Fleisch wässrig; Geruch und Geschmack rettichartig.
Speisewert: Muscarinhaltig! (⇨ S.66 unten)
Vorkommen: Sowohl in Nadel- wie in Laubwäldern. In M.-EU weit verbreitet, sehr häufig. VIII-X.
Wissenswertes: Der **Duftende Rettichhelmling** *M. diosma* ist dunkler konzentrisch gefärbt, riecht zedernholzartig und wächst in Laubstreu; ebenso der **Schwarzschneidige R.** *M. pelianthina* mit schwärzlichen Lamellenschneiden; beide **giftig**.

Samtfußrübling *Flammulina velutipes* essbar

Merkmale: <u>Hut</u> bis etwa 6 cm breit, jung gewölbt, später abgeflacht, in feuchtem Zustand ziemlich schmierig, trocken glatt, honig- bis orangegelb, am Rand etwas heller. <u>Lamellen</u> gerade oder leicht ausgebuchet am Stiel angewachsen, etwas entfernt stehend, unregelmäßig mit kürzeren untermischt, dünn, weißlich, später cremegelb-lich. <u>Stiel</u> bis etwa 8 cm lang, 0,5-1,2 cm dick, schlank, faserig, bald hohl, Spitze hellgelb bis röt-lichbraun, abwärts dunkelbraun- bis fast schwarz samtig. <u>Fleisch</u> weich, weiß bis leicht gelblich; Geruch angenehm, Geschmack mild.

Speisewert: Guter Speisepilz. Zum Verzehr eignen sich nur die Hüte, die Stiele sind holzig. Die frostbeständigen Fruchtkörper können auch nach dem Auftauen noch gesammelt werden.

Vorkommen: An toten und geschädigten Laub-bäumen, besonders an Strünken von Weiden entlang von Flussläufen, an Uferböschungen und in Auwäldern. In M.-EU weit verbreitet und überall häufig. Im Winterhalbjahr, X-IV.

Wissenswertes: Der Pilz wächst oft in Wärme-perioden des Winters und lässt sich auch im Garten züchten, beispielsweise auf Buchenholz.
Die Gattung der Samtfußrüblinge *Flammulina* umfasst 3 Arten. Der **Hauhechel-S.** *F. ononidis* wächst auf den Wurzeln des Dornigen Hau-hechels in Halbtrockenrasen, der **Wurzelnde S.** *F. fennae* unter Laubbäumen. Beide Arten bevor-zugen Kalkböden und sind selten; VIII-XI. **RL**

Der schwarzbraune, samtige Stiel des Samtfußrüblings steht in deutlichem Kontrast zu seinen hellen Lamellen.

Gelbfuchsiger Tellerling *Rhodocybe nitellina* ungenießbar

Merkmale: <u>Hut</u> bis etwa 5 cm breit, jung gewölbt, später flacher mit niedergedrückter Mitte, manchmal fast genabelt, glatt, Rand bisweilen unregelmäßig wellig, feucht etwas speckig, oran-gebraun, trocken seidenmatt, hell ockergelb. <u>La-mellen</u> am Stiel angewachsen, unregelmäßig untermischt, dünn, jung weißlich, später etwas rötlich. <u>Stiel</u> bis etwa 7 cm lang, 0,5-0,8 cm dick, oft flachgedrückt, knorpelig, bald hohl, wie der Hut gefärbt, Basis mehlig-weißfilzig. <u>Fleisch</u> dünn, weißlich; Geruch und Geschmack stark mehlartig, etwas bitter.

Speisewert: Ungenießbar, wegen des mehlig ran-zigen, bitteren Geschmacks.

Vorkommen: In montanen Laubwäldern auf kalk-haltigen Böden, einzeln bis gesellig im Rohhu-mus, gern in Laubstreu. In M.-EU weit verbreitet, aber nur im Süden häufiger. VII-IX.

Wissenswertes: Die Gattung der Tellerlinge *Rho-docybe* umfasst etwa 14 Arten. Es handelt sich um kleine bis große, häutige bis fleischige Pilze, die weißlich, gelblich, rötlich braun, grau oder graubläulich gefärbt sein können, manche Arten

schwärzen an Druckstellen. Die Lamellen sind an-geheftet bis etwas herablaufend, das Sporenpul-ver ist rosa bis rosabräunlich. Die meisten Arten kommen nur selten vor und sind keine Speisepilze.

Ähnlich: Der Gelbfuchsige Tellerling könnte mit dem Waldfreundrübling (⇨ S. 80) verwech-selt werden, der an ähnlichen Standorten vor-kommt, aber nicht mehlartig riecht.
Der **Würzige Tellerling** *R. gemina* (= *R. trunca-ta*, Bild unten), eine festfleischige Art mit schwach würzigem Geruch, ist meist in Nadel-, nur selten in Laubwäldern zu finden; **essbar**.

Mehlräsling *Clitopilus prunulus*   essbar

Merkmale: Hut 6 (12) cm breit, jung gewölbt, später abgeflacht, bisweilen fast trichterförmig, Rand oft unregelmäßig wellig bis gelappt, Oberfläche trocken, matt bis seidig matt, fein bereift; kreidig weiß bis weißgrau. Lamellen am Stiel herablaufend, eng stehend, unregelmäßig untermischt, schmal, dünn, beim jungen Pilz weißlich beige, später deutlich rosa. Stiel relativ kurz, bis etwa 5 cm lang, 1-1,5 cm dick, oft exzentrisch stehend, voll, Oberfläche weich, weiß, Basis weißfilzig. Fleisch weich, weißlich; Geruch und Geschmack stark mehlartig, mild.

Speisewert: Dieser Pilz wird von manchen Kennern durchaus geschätzt. Für Mischgerichte eignet er sich recht gut, obwohl sein mehlartiger Geschmack nicht jedermann zusagt.

Vorkommen: In Laub- und Mischwäldern, auch in Parkanlagen und an Wegrändern, auf eher nährstoffreichen Böden; meist gesellig, seltener einzeln wachsend. In M.-EU weit verbreitet und fast überall anzutreffen. VII-X.

Wissenswertes: Man sollte vor dem Genuss diesen Pilz sicher bestimmen, um ihn nicht mit giftigen weißen Trichterlingen wie z. B. dem Feld- oder dem Laubfreund-Trichterling (⇨ S. 66) oder aber dem Weißen Rasling (⇨ S. 76) zu verwechseln. In der Gattung der Räslinge *Clitopilus* sind 6 weiß- bis grauhütige, meist exzentrisch gestielte oder ungestielte Arten beschrieben. Am ähnlichsten sieht dem M. der kleinere und ziemlich dünnfleischige **Kreidige Räsling** *C. scyphoides*, der auf Wiesen wächst; **ungenießbar**.

Der Mehlräsling hat deutlich rosafarbene Lamellen.

Riesenrötling *Entoloma sinuatum*   giftig!

Merkmale: Hut bis 15 (20) cm breit, jung halbkugelig, später flacher gewölbt, Mitte meist gebuckelt, Rand bisweilen eingerollt, Oberfläche glatt, leicht eingewachsen radialfaserig, beige bis milchkaffeefarben oder bräunlich ockerfarben, in trockenem Zustand matt glänzend. Lamellen am Stiel ausgebuchtet angewachsen, weit stehend, mit kürzeren Lamellen untermischt, Schneiden wellig bis leicht gekerbt, jung cremegelblich, älter lachsrosa. Stiel kräftig, bis etwa 15 cm lang und 1,5-3 cm dick, zylindrisch bis schwach keulig, längsfaserig, weiß bis cremefarben. Fleisch weiß; Geruch und Geschmack deutlich mehlartig.

Speisewert: Der R. ist stark giftig, er verursacht Magen-Darmbeschwerden. Manchmal treten die Vergiftungserscheinungen erst 4 Stunden nach dem Verzehr auf.

Vorkommen: Mykorrhizapilz der etwas wärmebegünstigten Laubwälder, besonders unter Buchen und Eichen, auf tonigen, lehmig-kalkhaltigen Böden. In M.-EU weit verbreitet, nördlich der Alpen jedoch nur vereinzelt, im Süden häufiger vorkommend. VIII-IX. **RL**

Wissenswertes: Immer wieder wird von Vergiftungen mit diesem Rötling berichtet. Verwechslungen sind unter Umständen mit dem Nebelgrauen Trichterling (⇨ S. 66) möglich.

Die Gattung der Rötlinge *Entoloma* ist mit ihren über 200 Arten sehr vielgestaltig und beinhaltet zierliche Formen bis sehr große Pilze mit unterschiedlichen Farben. Die am Stiel verschiedenartig angewachsen Lamellen sind stets rosa, ebenso das Sporenpulver. Die meisten Rötlingsarten sind ungenießbar oder giftig, nur wenige essbar.

Ähnlich: Der **Weißstielige Rötling** *E. lividoalbum* wächst ebenso im Laubwald, riecht mehlartig und ist vermutlich auch **giftig**.

Traniger Glöckling
Entoloma hirtipes　　　**ungenießbar**

Merkmale: Hut 5 (8) cm breit, kegelig-glockig, spitz bis stumpf gebuckelt, feucht graubraun, trocken stark verblassend, fein seidig glänzend. Lamellen schmal angewachsen, relativ dicht stehend, breit, dünn, jung weiß, bald schmutzig rosa. Stiel 10 (15) cm lang, 0,4–0,8 cm dünn, oft verdreht, rillig, sehr zerbrechlich, hutfarben. Fleisch dünn; Geruch tranig, gurken- bis mehlartig.
Speisewert: Der T.G. gilt als giftverdächtig.
Vorkommen: In Laub- und Nadelwald, oft gesellig zwischen Reisig. In M.-EU verbreitet, im S häufiger als im N. Bereits im zeitigen Frühjahr; IV-V.

Nitröser Rötling
Entoloma rhodopolium　　　**giftig**

Merkmale: Hut 7 (10) cm breit, kahl, glatt, Rand gerieft, feucht graubraun, oft mit olivgrünem Ton, trocken stark ausbleichend. Lamellen angewachsen, breit, dünn, zunächst weiß, bald rosa. Stiel schlank, hohl, eingewachsen faserig gestreift, seidig glänzend, weißlich. Fleisch zerbrechlich; Geruch laugenartig (nitrös), manchmal auch schwach.
Speisewert: Giftig, siehe Riesenrötling (⇨ S.88).
Vorkommen: Meist gesellig in feuchten Laubwäldern. In M.-EU weit verbreitet. VIII-X.
Wissenswertes: Der Pilz wird auch **Alkalischer** oder **Niedergedrückter R.** genannt *(=E. nidorosum)*.

Blaublättriger Zärtling
Entoloma chalybaeum　　　**ungenießbar**

Merkmale: Hut etwa 4,5 cm breit, die dunklere Mitte etwas eingedellt, radialfaserig, fein angedrückt schuppig, zum Rand hin gerieft, dunkel blaugrau, ausbleichend. Lamellen am Stiel angewachsen, jung bläulich, älter schmutzig rosa, Schneiden oft blau. Stiel 4 (6) cm lang, dünn, sehr zerbrechlich, blaugrau. Fleisch dünn; geruchlos.
Speisewert: Unbekannt; die Art ist giftverdächtig.
Vorkommen: Auf mageren, trockenen Wiesen, extensiv bewirtschafteten Weiden, auf Kalk, selten sauren Böden. In M.-EU nur vereinzelt. VIII-IX.
Wissenswertes: Es gibt viele blau gefärbte Rötlinge, ihre Bestimmung erfordert Erfahrung.

Stahlblauer Rötling
Entoloma nitidum　　　**ungenießbar**

Merkmale: Hut etwa 5 cm, dunkelblau bis violettgrau, seidig matt glänzend. Lamellen am Stiel ausgebuchtet angewachsen, breit, jung weißlich, älter schmutzig rosa. Stiel etwa 7 cm lang, bis zu 1 cm dick, zylindrisch, längsfaserig, bisweilen verdreht, zerbrechlich, hutfarben, Basis oft mehlig weiß. Fleisch weißlich; Geruch mehlartig.
Speisewert: Gilt neuerdings als giftverdächtig.
Vorkommen: Meist gesellig in moosigen Nadelwäldern auf sauren Böden. In M.-EU weit verbreitet, vorzugsweise in bergigen Lagen. VIII-X.
Ähnlich: Der **Blaue R.** *E. bloxamii (= E. madidum)* wächst an grasigen Stellen auf Kalk. **RL**

Braungrüner Rötling
Entoloma incanum　　　**ungenießbar**

Merkmale: Hut etwa 4 cm breit, mit genabelter Mitte; eingewachsen radialfaserig, seidig glänzend, Rand gerieft, olivgrün, gelbgrün, braungrün, trocken heller. Lamellen am Stiel angewachsen, jung weiß bis graugrün, älter rosa. Stiel 4 (6) cm, schlank, sehr brüchig, lebhaft gelbgrün, abwärts blaugrün. Fleisch dünn; Geruch sehr stark, nach verbranntem Horn.
Speisewert: Ungenießbar, Wert unbekannt.
Vorkommen: Auf wärmebegünstigten, mageren Trockenrasen, extensiv bewirtschafteten Weiden, zwischen Laubmoosen, auf basenreichen Böden. In M.-EU nur gebietsweise vorkommend, insg. selten, nur in bergigen Lagen häufiger. VIII-IX.

Amethyströtling
Entoloma catalaunicum　　　**ungenießbar**

Merkmale: Hut etwa 4 cm breit, mit genabelter, dunkler Mitte, eingewachsen radialfaserig, feinschuppig, rosa bis rotbraun, Rand dunkel lilablau. Lamellen am Stiel ausgebuchtet angewachsen, Schneiden feinflockig, jung weißlich, älter rosabraun. Stiel bis 6 cm lang, schlank, im Alter hohl, faserig gestreift, rötlich graublau. Fleisch dünn; Geruch und Geschmack unbedeutend.
Speisewert: Ungenießbar, Wert unbekannt.
Vorkommen: Einzeln bis gesellig in Magerrasen und Alpweiden, an Rändern mit Weiden, Lärchen und Fichten. In M.-EU im Flachland äußerst selten, in den Alpen in montanen bis subalpinen Lagen (bis in 1600 m Höhe) häufiger. VIII-IX.

Wolliger Scheidling *Volvariella bombycina* bedingt essbar

Merkmale: <u>Hut</u> bis zu 14 (18) cm breit, jung eiförmig, kegelig-halbkugelig, älter flach gewölbt mit stumpfem Buckel, trocken, fein seidig-wollig, weiß bis cremefarben, Rand bisweilen häutig-wollig überstehend. <u>Lamellen</u> am Stiel frei, dicht stehend, bauchig, Schneiden fein flockig gekerbt, beim jungen Pilz blass, später kräftig rosa. <u>Stiel</u> bis etwa 15 cm lang und 1-2 cm dick, zylindrisch, längsfaserig, Basis in einer offenen, lappigen, blass bräunlichen Scheide steckend, weiß bis cremefarben. <u>Fleisch</u> weiß; Geruch rettichartig.
Speisewert: Der W.S. ist kein guter Speisepilz. Wegen seiner Seltenheit zu schonen.
Vorkommen: An lebendem oder totem Laubholz, besonders an Ulmen, Ahornen, Eichen oder Obstbäumen, gern in Stammwunden, Astgabeln und Asthöhlungen, auf Wurzeln, manchmal auch auf verbautem Holz und in Sägemehl, meist einzeln, bisweilen aber auch büschelig wachsend. In M.-EU weit verbreitet, aber nur sehr vereinzelt vorkommend, selten. VIII-IX.

Wissenswertes: Die weiße, seidig-wollige Hutoberfläche des W.S. erinnert an ein Seehundfell. Die Gattung der Scheidlinge *Volvariella* umfasst etwa 15 kleine bis große Arten mit weißen bis grauen, braunen oder gelblichen Hüten, deren Oberflächen etwas schleimig, glatt oder faserig-wollig sein können. Die Lamellen sind frei, gedrängt, jung weiß, älter rosa, der ringlose Stiel hat eine lappige Scheide. Das Sporenpulver ist rosa bis rosabraun. Giftige Arten sind nicht bekannt.

Verwandt: Der kleine **Mausgraue Scheidling** *V. murinella* wächst auf Erde, in und außerhalb von Wäldern; ungenießbar.

Rehbrauner Dachpilz *Pluteus cervinus* bedingt essbar

Merkmale: <u>Hut</u> bis 13 (15) cm breit, jung halbkugelig, älter flach gewölbt, bisweilen mit stumpfem Buckel, glatt, seidig glänzend bis matt, hellbraun bis dunkel rehbraun, Mitte oft schwarzbraun feinschuppig. <u>Lamellen</u> am Stiel frei, dicht stehend, mit kürzeren untermischt, dünn, Schneiden fein flockig, jung blass, älter rosa. <u>Stiel</u> etwa 10 (12) cm lang und 1-1,5 cm dick, Basis oft etwas verdickt, auf weißlichem Grund bräunlich längsfaserig gestreift. <u>Fleisch</u> weich, dünn, weiß; Geruch schwach rettich- bis kartoffelartig.
Speisewert: Der R.D. ist geschmacklich unbedeutend und kein besonders guter Speisepilz.
Vorkommen: In Laub- und Nadelwäldern, an alten, oft bemoosten Stümpfen, auf am Boden liegendem, feuchtem Holz, manchmal auch auf Rindenmulchhaufen oder Sägemehl, einzeln bis gesellig wachsend. In M.-EU weit verbreitet und fast überall vorkommend. VII-X.
Wissenswertes: Früher wurde der R.D. unter der Bezeichnung *P. atricapillus* geführt.
Zur Gattung der Dachpilze *Pluteus* zählen über 40 kleine bis große Arten, mit weißen, grauen, braunen, gelblichen, orangen, roten oder grünlichen Hüten, deren Oberflächen kahl, glatt oder körnig bis etwas schuppig sein können. Die Lamellen sind stets frei, gedrängt, jung weiß, älter rosa, das Sporenpulver ist rosa bis rosabraun. Einige Arten sind giftig, wenige essbar.

Ähnlich: Der **Voreilende Dachpilz** *P. primus*, der im Frühjahr auf Nadelholz wächst, und der **Schnallendachpilz** *P. pouzarianus* sind vom R.D. nur mikroskopisch zu unterscheiden; bed. essbar. Der **Schwarzschneidige Dachpilz** *P. atromarginatus* (Bild unten) wächst an Nadelholz und ist an seinen schwarzbraun gefärbten Lamellenschneiden zu erkennen; bedingt essbar

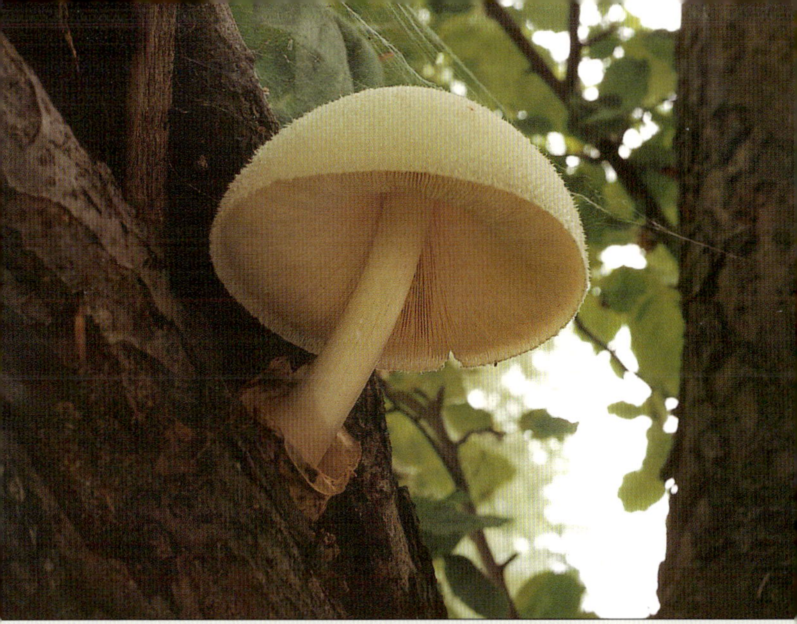

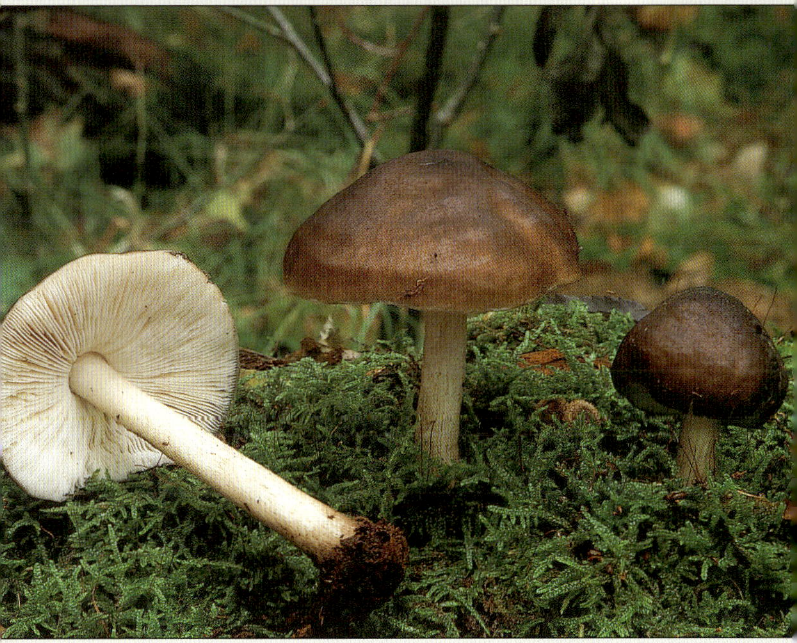

Zweifarbiger Scheiden-streifling *Amanita battare*   essbar

Merkmale: <u>Hut</u> bis etwa 10 cm breit, jung gewölbt, älter flacher, bisweilen etwas gebuckelt, glatt, oliv- bis graubraun, meist dunkler ringförmig gezont, Rand heller und deutlich gerieft. <u>Lamellen</u> am Stiel frei, dicht stehend, dünn, weiß, Schneiden oft dunkelbraun gefärbt. <u>Stiel</u> etwa 12 cm lang, 1-1,5 cm dick, an der Spitze zart flockig, abwärts graubräunlich genattert, die Basis steckt in einer häutigen, blass bräunlichen Scheide. <u>Fleisch</u> brüchig, blass; geruchlos.
Speisewert: Essbar, roh jedoch unbekömmlich.
Vorkommen: Mykorrhizapilz in Bergnadel-, seltener in Laubwäldern, auf eher sauren Böden, oft an krautigen Stellen. In M.-EU weit verbreitet, im Flachland nur vereinzelt vorkommend. VIII-X.
Ähnlich: Der **Grauhäutige Scheidenstreifling** *A. submembranacea* ist nicht nur ähnlich, er wächst auch an gleichen Standorten. Seine Hutmitte ist oft mit größeren, grauweißlichen Hüllresten bedeckt, die Lamellenschneiden sind weiß; **essbar**.

Grauer Scheidenstreifling *Amanita vaginata*   essbar

Merkmale: <u>Hut</u> bis etwa 8 cm breit, jung fast halbkugelig glockig, älter flach ausgebreitet, mit schwachem Buckel, glatt, hell- bis dunkelgrau, seltener mit bräunlichen Tönen, Rand deutlich gerieft. <u>Lamellen</u> am Stiel frei, dicht stehend, dünn, weiß. <u>Stiel</u> etwa 12 cm lang und 1 (1,5) cm dick, schlank, älter hohl, an der Spitze zart flockig; weißlich, abwärts schwach grau genattert, die Basis steckt in einer häutigen, schmutzig weißlichen Scheide, die oft am Stiel anliegt. <u>Fleisch</u> sehr brüchig, weißlich; geruchlos.
Speisewert: Essbar, roh aber unbekömmlich.
Vorkommen: Mykorrhizapilz in Laub-, seltener in Nadelwäldern, einzeln bis gesellig. In M.-EU weit verbreitet und örtlich häufig. VIII-X.
Ähnlich: Der **Silbergraue Scheidenstreifling** *A. mairei* sieht sehr ähnlich aus und kann nur mikroskopisch mit Sicherheit vom G.S. unterschieden werden. Er bevorzugt krautreiche Laubwälder auf kalkhaltigen Böden; **essbar**. RL

Rotbrauner Scheidenstreifling *Amanita fulva*   essbar

Merkmale: <u>Hut</u> bis 8 (10) cm breit, beim jungen Pilz beinahe halbkugelig glockig, beim älteren flach ausgebreitet, mit schwachem Buckel, glatt, fuchsbraun bis orangebraun, in der Mitte bisweilen dunkler, am Rand heller, deutlich gerieft. <u>Lamellen</u> am Stiel frei, dicht stehend, untermischt, dünn, weiß. <u>Stiel</u> 10 (12) cm lang, 1-1,5 cm dick, schlank, bei jungen Exemplaren voll, bei älteren hohl, glatt bis fein längsfaserig-flockig, weißlich, manchmal zart rotbräunlich überhaucht, die Basis in einer häutigen, rotbräunlichen Scheide steckend. <u>Fleisch</u> sehr brüchig, dünn, weißlich; Geruch und Geschmack unbedeutend.
Speisewert: Essbar, roh jedoch unbekömmlich. Der Pilz ist überaus zerbrechlich und sollte sehr vorsichtig transportiert werden.
Vorkommen: Mykorrhizapilz feuchter Nadel- und Laubwälder, auf sauren Böden, in Mooren gern unter Birken; einzeln bis gesellig. In M.-EU weit verbreitet und fast überall vorkommend. VII-X.
Wissenswertes: Scheidenstreiflinge bilden mit etwa 10 Arten eine Untergattung innerhalb der Wulstlingsgattung *Amanita* und unterscheiden sich von diesen durch das Fehlen einer inneren Hülle, dem so genannten Velum partiale, d.h., ihr Stiel ist ringlos. Die äußere Gesamthülle, das Velum universale, ist an der Stielbasis als offene, lappige Scheide gut erkennbar (⇨ S.8). Der Hutrand ist stark radialriefig. Alle Scheidenstreiflinge sollten roh nicht gegessen werden.

Ähnlich: Der **Orangegelbe Scheidenstreifling** *A. crocea* ist kräftiger, sein Hut mehr gelborange gefärbt und der Stiel weist eine gelborange, flockig gebänderte, genattert erscheinende Oberfläche auf. Er ist in mäßig trockenen Laubwäldern zu finden; **essbar**.

Kaiserling *Amanita caesarea*

essbar

Merkmale: <u>Hut</u> bis zu 15 (20) cm breit, beim jungen Pilz eiförmig, halbkugelig, von einer weißen, dickhäutigen Gesamthülle umschlossen, beim älteren gewölbt bis fast ausgebreitet, glatt, Rand gerieft, leuchtend orangerot, seidig glänzend, Oberfläche nur manchmal mit weißen Hüllresten besetzt. <u>Lamellen</u> am Stiel frei, relativ dicht stehend, mit kürzeren untermischt, teilweise gegabelt, ei- bis goldgelb, Schneiden fein gekerbt. <u>Stiel</u> bis zu 10 (15) cm lang, 2-3 cm dick, robust, voll bis pelzig ausgestopft, mit gerieftem, hängendem Ring, zitronen- bis goldgelb; Stielbasis in einer sackartigen, lappigen, weißlichen Scheide. <u>Fleisch</u> dick, weiß, unter der Huthaut und Stielrinde gelblich; Geruch und Geschmack leicht süßlich.

Speisewert: Begehrter Speisepilz.

Vorkommen: Mykorrhizapilz in wärmebegünstigten Laubwäldern, unter Eichen und Kastanien, auf den Mittelmeerinseln auch unter Erdbeerbäumen und Erikagewächsen, auf leicht sauren Böden, einzeln bis gesellig wachsend. Südlich der Alpen weit verbreitet und örtlich häufig, nördlich nur vereinzelt an sehr warmen Standorten entlang der großen Flüsse vorkommend. VIII-X. **RL!**

Wissenswertes: Der Kaiserling wurde bereits in der Antike von den römischen Caesaren hoch geschätzt und wahrscheinlich auch in dieser Zeit nördlich der Alpen eingeschleppt.

Man könnte den Kaiserling für einen Fliegenpilz ohne weiße Hüllreste auf dem Hut halten. Die gelben Lamellen sind ein gutes Unterscheidungsmerkmal.

Roter Fliegenpilz *Amanita muscaria*

giftig

Merkmale: <u>Hut</u> bis zu 15 (20) cm breit, jung von einer weißen Gesamthülle umschlossen, später halbkugelig, bei älteren Pilzen gewölbt bis fast ausgebreitet, am Rand gerieft, Färbung leuchtend rot oder orangerot, manchmal zu orangegelblich verblassend, Oberfläche mit weißen, flockigen Hüllresten besetzt, die manchmal infolge von Regen fehlen. <u>Lamellen</u> am Stiel frei, relativ dicht stehend, untermischt, weiß. <u>Stiel</u> bis etwa 15 cm lang, 1,5-3 cm dick, mehr oder weniger zylindrisch, Oberfläche weißlich, seidig flockig, mit herabhängendem, lappig-häutigem, gerieftem Ring, Basis knollig und von einem bis mehreren warzigen Gürteln umgeben. <u>Fleisch</u> dick, weiß, unter der Huthaut orangegelblich; Geruch und Geschmack unbedeutend.

Speisewert: Giftig. Bereits 1/2 bis 2 Stunden nach dem Verzehr treten psychische, rauschartige Veränderungen mit Schwindel, Mattigkeit und Gehstörungen auf. In der Regel klingt diese Vergiftung nach etwa 10 Stunden wieder ab.

Vorkommen: Mykorrhizapilz in dichten wie lichten Nadel- und Laubwäldern, gern unter Birken, vorzugsweise auf sauren Böden; einzeln bis gesellig auftretend. In M.-EU weit verbreitet und fast überall vorkommend. VIII-X.

Wissenswertes: Der **Königsfliegenpilz** *A. regalis* hat eine umbrabraune Huthaut mit gelben bis graugelblichen Hüllresten. Er ist in den östlichen Bergnadelwäldern wie dem Bayerischen Wald häufiger zu finden und ebenso **giftig**. RL

Besonders in Südeuropa kommen immer wieder Verwechslungen mit dem Kaiserling vor. Die weißen Lamellen und der Warzengürtel an der knolligen Stielbasis des Fliegenpilzes dienen der Unterscheidung.

Grüner Knollenblätterpilz *Amanita phalloides* giftig!

Merkmale: Hut bis zu 15 (18) cm breit, jung fast eiförmig, von einer weißen, häutigen Gesamthülle umschlossen, älter gewölbt bis ausgebreitet, glatt, olivgrün bis gelbgrünlich, bei f. *alba* weiß, fein eingewachsen radialfaserig, trocken seidig glänzend, selten mit weißen Hüllresten besetzt. Lamellen am Stiel frei, relativ dicht stehend, mit kürzeren untermischt, weiß. Stiel bis 12 (15) cm lang, 1,5-2,5 cm dick, voll bis pelzig ausgestopft, gelblich bis grünlich, typisch natternartig gezeichnet; Ring häutig, hängend, manchmal abfallend, schwach gerieft; Stielbasis knollig verdickt, in einer meist offenen, abstehenden, weißen Scheide steckend. Fleisch weiß; Geruch honigartig.
Speisewert: Tödlich giftig! Vergiftungssymptome siehe Kegelhütiger Knollenblätterpilz.
Vorkommen: Mykorrhizapilz der Laubwälder, besonders unter Eichen, Buchen und Esskastanien, selten in reinen Nadelwäldern, einzeln bis gesellig wachsend. In M.-EU weit verbreitet und örtlich häufig anzutreffen. VII-X.

Wissenswertes: Verwechslungen des G.K. sind auf grobe Unkenntnis und Leichtsinn zurückzuführen.

Ähnlich: Der Grünling (⇨ S.72) besitzt gelblich gefärbte, am Stiel ausgebuchtet angewachsene Lamellen. Der Grasgrüne Täubling (⇨ S.134) hat weiße bis gelbliche, angewachsene Lamellen. Beide Arten sind ringlos, ihnen fehlt auch der knollige Stielgrund mit der sackförmigen, weißen Scheide; beide **essbar**. Der Zitronengelbe Knollenblätterpilz *A. citrina* (Bild unten) besitzt eine rundknollige Stielbasis mit deutlich abgesetzter Kante und riecht kartoffelartig; ungenießbar.

Kegelhütiger Knollenblätterpilz *Amanita virosa* giftig!

Merkmale: Hut bis 10 cm breit, kegelförmig, im Alter auch gewölbt, manchmal flacher, jung von einer weißen, häutigen Gesamthülle umschlossen, feucht klebrig, trocken kahl und glatt, seidig glänzend, weiß bis cremefarben, selten mit weißen Hüllresten besetzt. Lamellen am Stiel frei, relativ dicht stehend, untermischt, weiß bis elfenbeinfarben, Schneiden flockig. Stiel bis 14 (18) cm lang, 1-2 cm dick, voll bis pelzig ausgestopft, zerbrechlich; Ring hängend, vergänglich, etwas gerieft, weiß, faserig-fransig; Stielbasis knollig verdickt, in einer schlaffen, meist anliegenden, weißen Scheide, oft tief im Boden steckend. Fleisch weich, weiß; Geruch jung rettichartig, älter süßlich.
Speisewert: Tödlich giftig! Erste Vergiftungssymptome (Übelkeit, Bauchschmerzen, Erbrechen, Durchfälle) treten in der Regel 6-12 Stunden nach dem Verzehr auf. Im weiteren Verlauf kommt es zu schweren Leberschäden. Die Überlebens-

chancen hängen u.a. von der zugeführten Giftmenge ab, 50 g Frischpilze können tödlich sein. Nach Auftreten der ersten Symptome ist eine sofortige Klinikeinweisung erforderlich.
Vorkommen: Mykorrhizapilz eher montaner Nadelwälder. In M.-EU weit verbreitet. VII-X.
Wissenswertes: Knollenblätterpilze gehören zu den Wulstlingen *Amanita*, einer Gattung mit über 40 Arten. Deren wichtigste Merkmale sind: Hüte mit oder ohne Hüllreste, freie, weiße bis gelbe Lamellen, Stiele mit Ring, Basis knollig oder mit häutiger Scheide; Sporenpulver weiß. Einige wenige Arten dieser Gattung sind essbar.

Verwandt: Der gleichfalls weiße **Frühlings-Knollenblätterpilz** *A. verna*, der ansonsten dem Grünen K. ähnlich sieht, wächst im Frühsommer in warmen Laubwäldern; giftig! Verwechslungen mit weißhütigen Champignon-Arten beruhen auf Unkenntnis und sind grob fahrlässig. Champignons (⇨ S.102-105) besitzen jung blass rosafarbene Lamellen, die sich sehr bald schokoladenbraun verfärben.

Pantherpilz *Amanita pantherina* giftig!

Merkmale: Hut bis zu 10 (12) cm breit, jung halbkugelig, älter gewölbt bis ausgebreitet, Rand meistens gerieft, Oberfläche hell- bis dunkelbraun, mit relativ kleinen, meist regelmäßig angeordneten, weißen Hüllresten besetzt, die bisweilen durch Regen fehlen können, dann Huthaut etwas glänzend. Lamellen am Stiel frei, relativ dicht stehend, mit kürzeren untermischt, weiß. Stiel bis etwa 12 cm lang, 1-2 cm dick, weiß, mit hängendem, häutigem, ungerieftem, manchmal abgefallenem Ring, Basis rundknollig, mit rundem Rand, zuweilen über der Knolle mehrere wulstige Zonen erkennbar. Fleisch im Hut ziemlich dünn, weiß; Geruch und Geschmack leicht rettichartig.

Speisewert: Sehr giftig! Bereits 1/2 bis 3 Stunden nach dem Verzehr treten schwere psychische, rauschartige Veränderungen, die einem Alkoholrausch ähnlich sind, mit Schwindel, Mattigkeit und Gehstörungen auf. Sie werden von einem Tiefschlaf abgelöst. Die Beschwerden klingen in der Regel nach etwa 10-15 Stunden ab.

Vorkommen: Mykorrhizapilz eher wärmebegünstiger Nadel- und Laubwälder, in sauren, sandigen Kiefern-, Eichen- und Buchenwäldern im Norddeutschen Tiefland ebenso wie auf kalkhaltigen Böden in bergigen Lagen. VIII-X.

Wissenswertes: Der P. ist an seinen weißen, regelmäßig angeordneten Hüllresten und der rundlich gerandeten Knolle, die wie eine am Bein nach unten gerollte Socke aussieht, leicht zu erkennen.

Ähnlich: Der **Graue Wulstling** *A. excelsa* (=*A. spissa*) besitzt graubräunliche Hüllreste, einen weißlich graubraunen Stiel und eine warzenartig besetzte, knollige Basis; **essbar.**

Perlpilz *Amanita rubescens* essbar

Merkmale: Hut bis etwa 15 cm breit, beim jungen Pilz halbkugelig, beim älteren gewölbt bis ausgebreitet, Rand scharf; auf blass rosabraunem, gelbbraunem bis rötlichbraunem Grund mit unregelmäßig verteilten, warzigen, abwischbaren, weißlich graubraunen bis rotbraunen Hüllresten besetzt, die bisweilen durch Regen spärlich vorhanden sein können. Lamellen am Stiel frei, relativ dicht stehend, breit, mit kürzeren untermischt, weiß, im Alter rosafleckig. Stiel bis etwa 12 cm lang, bis 4 cm dick, weiß bis rötlichbraun, mit hängender, häutiger, geriefter, weißer Manschette, Basis knollig verdickt, mit mehr oder weniger ausgeprägten flockigen Gürteln. Fleisch weich, manchmal wässrig, weiß, unter der Huthaut und an anderen Stellen, etwa an Fraßstellen, rötlich gefärbt; Geruch und Geschmack oft dumpf, erdartig.

Speisewert: Essbar, roh aber unbekömmlich; mäßig guter Speisepilz, der bisweilen ausgeprägt erdige Geschmack sagt nicht jedermann zu.

Vorkommen: Mykorrhizapilz in Nadel- und Laubwäldern und Parkanlagen. In EU weit verbreitet und fast überall anzutreffen. VI-XI.

Wissenswertes: Der P. kann nur bei unvorsichtigem Sammeln mit dem giftigen Pantherpilz oder dem essbaren Grauen Wulstling verwechselt werden. Wichtige Erkennungsmerkmale sind das rötliche Fleisch unter der abgezogenen Huthaut sowie die rötlichen Fraßstellen.

Ähnlich: Der giftverdächtige **Raue Wulstling** *A. franchetii* besitzt einen ockerbraunen Hut mit gelblich grauen Velumflocken. Sein Ring ist auf der Unterseite mit gelblichen Flocken berandet. RL

Der Perlpilz ist in seinem Erscheinungsbild sehr variabel. Bei den Exemplaren unten herrschen gelbliche Farbtöne vor. Irgendwo finden sich aber meist doch rötliche Stellen.

Wiesenchampignon, Wiesenegerling *Agaricus campestris* **essbar**

Merkmale: Hut bis zu 10 (12) cm breit, jung halbkugelig, älter gewölbt bis ausgebreitet, glatt bis etwas angedrückt schuppig, Rand oft häutig behangen; weiß mit rosabräunlicher Tönung. Lamellen am Stiel frei, relativ dicht stehend, breit, mit kürzeren untermischt; jung zart bis kräftig rosa, älter schokoladenbraun, Schneiden weißlich bewimpert. Stiel bis etwa 10 cm lang und bis 2 cm dick, fast zylindrisch, an der Basis verjüngt; weiß, manchmal rosa überhaucht, mit hängendem, häutigem, weißem Ring, der bisweilen abfällt. Fleisch weiß, am Anschnitt höchstens schwach rosa anlaufend; Geruch u. Geschmack angenehm.
Speisewert: Essbar; guter, ergiebiger Speisepilz.
Vorkommen: In Wiesen und Weiden, auf nährstoffreichen Böden, einzeln oder büschelig, manchmal auch in Reihen und Ringen wachsend, nach warmen, trockenen Perioden mit nachfolgenden Regenfällen oft massenhaftes Auftreten. In EU vom N bis in den S weit verbreitet und fast überall vorkommend. VI-X.

Wissenswertes: Verwechslungen mit den überaus giftigen weißen Knollenblätterpilzen (⇨S.98) sind auf Unkenntnis und grobe Fahrlässigkeit zurückzuführen.
Die Gattung der Egerlinge *Agaricus* umfasst heute etwa 75 Arten, überwiegend mit weißen, gelblichen oder braunen Hutfarben. Einige gilben bei Berührung. Die Lamellen sind frei, jung weißlich, älter schokoladenbraun, das Sporenpulver ist purpurbraun. Der Stiel weist einen aufsteigenden oder hängenden Ring auf. Das weiße Fleisch verfärbt sich bei einigen Arten bei Verletzung rot, braun oder gelb. Einige Egerlingarten sind giftig.

Verwandt: Der **Stadtegerling** *Agaricus bitorquis* wächst gern an Straßenrändern, sein Stiel ist doppelt beringt; **essbar**.

Karbolchampignon, Karbolegerling *Agaricus xanthoderma* **giftig**

Merkmale: Hut bis etwa 15 cm breit, jung halbkugelig, älter gewölbt bis ausgebreitet, Mitte dabei oft abgeflacht, glatt bis angedrückt schuppig; seidig weiß oder weißgrau bis schwach bräunlich getönt, Huthaut beim Reiben chromgelb verfärbend. Lamellen am Stiel frei, relativ dicht stehend, breit, mit kürzeren untermischt, jung zart rosa, bald rosarot und älter schokoladenbraun. Stiel bis etwa 12 cm lang und bis 1,5 cm dick, fast zylindrisch, Basis etwas knollig verdickt, weiß, mit hängendem, häutigem, weißem Ring, der bisweilen auch abfällt. Fleisch weiß, im Hut manchmal schwach rosa, die angeschnittene Stielbasis verfärbt sich chromgelb; Geruch unangenehm karbol-, tinten- oder jodartig, Geschmack mild.
Speisewert: Der Genuss des K. kann mehr oder weniger starke Magen- und Darmbeschwerden mit Erbrechen und Durchfällen hervorrufen.
Vorkommen: In Wiesen und Parkanlagen, an Gebüsch- und Waldrändern, gern auf nährstoffreichen Böden, einzeln, meist aber gesellig in großen Gruppen oder in Hexenringen wachsend. In EU weit verbreitet, stellenweise häufig. VII-XI.

Wissenswertes: Nur unkritische Speisepilzsammler, die nicht auf die chromgelben Verfärbungen der Huthaut und der Stielbasis, sowie den karbol- bis tintenartigen Geruch achten, verwechseln ihn mit dem Wiesenchampignon.

Ähnlich: Der Hut des **Perlhuhn-Egerlings** *Agaricus praeclaresquamosus* (= *A. placomyces*) ist gänzlich graubraun bis schwarzbraun und faserig-schuppig. Auch dieser Pilz verfärbt sich beim Reiben und am Anschnitt gelb. Er ist in wärmeren Laubwäldern, in Parkanlagen und Trockenrasen zu finden; in M.-EU eher selten vorkommend; **giftig**.

Schiefknolliger Anisegerling *Agaricus essetii* **essbar**

Merkmale: <u>Hut</u> bis zu 12 (14) cm breit, jung halbkugelig, älter gewölbt bis ausgebreitet, seidig glatt bis fein eingewachsen faserig, Rand manchmal häutig überstehend; weiß, bisweilen gelblich überhaucht, bei Druck mehr oder weniger stark gilbend. <u>Lamellen</u> am Stiel frei, relativ dicht stehend, breit, mit kürzeren Lamellen untermischt, jung blass graurosa, älter beinahe schwarzbraun. <u>Stiel</u> bis etwa 12 cm lang und bis 2 cm dick, kahl, mit hängendem, häutigem, weißem Ring, der bisweilen abfällt; fast zylindrisch, zur Basis zu gebogen, Knolle charakteristisch abgestutzt (abgeflacht) endend; weiß, bei Druck etwas gilbend. <u>Fleisch</u> weißlich, im Stiel älter pelzig ausgestopft; Geruch angenehm anisartig, Geschmack mild.
Speisewert: Der S.A. ist ein guter, ergiebiger Speisepilz mit angenehmem Geschmack.
Vorkommen: Vorwiegend in Nadelwäldern in Nadelstreu, seltener in reinen Laubwäldern, einzeln bis gesellig wachsend. In M.-EU weit verbreitet und örtlich häufig. VII-X.

Wissenswertes: Der S.A. hieß früher mit lateinischem Namen *A. abruptibulbus*. Verwechslungen dieses Pilzes mit den giftigen weißen Knollenblätterpilzen (⇨S.98) sind auf Unkenntnis und grobe Fahrlässigkeit zurückzuführen.

Verwandt: Der **Großsporige Anisegerling** *A. albertii (=A. macrosporus)*, eine sehr große, fleischige Art, hat einen feinflockigen Stiel mit einem zahnradartigen Ring, riecht mandel- bis anisartig und ist an grasbewachsenen Stellen und Waldrändern zu finden; **essbar**. RL

Kleiner Waldchampignon *Agaricus silvaticus* **essbar**

Merkmale: <u>Hut</u> bis zu 8 (10) cm breit, jung halbkugelig, älter gewölbt bis fast ausgebreitet, relativ dünnfleischig, ocker- bis dunkelbraun, eingewachsen faserig bis dicht anliegend feinschuppig, Rand manchmal häutig überstehend. <u>Lamellen</u> am Stiel frei, relativ dicht stehend, mit kürzeren Lamellen untermischt, beim jungen Pilz hell graurosa, beim älteren purpurbraun gefärbt. <u>Stiel</u> bis etwa 12 cm lang und bis 2 cm dick, mit hängendem, häutigem, weißem, bräunlich gerandetem Ring, annähernd zylindrisch, die Basis schwach knollig; weiß bis rosafarben getönt, bei Druck oder Verletzung rötend, später verfärbt er sich bräunlich. <u>Fleisch</u> weißlich, am Anschnitt rasch rötend; Geruch unbedeutend, Geschmack mild.
Speisewert: Guter Speisepilz.
Vorkommen: Vorwiegend in Nadel-, seltener in Laubwäldern, an verbuschten Waldrändern in der Nadelstreu, einzeln bis gesellig wachsend. In M.-EU weit verbreitet und häufig. VII-X.
Wissenswertes: Verwechslungen mit ähnlich aussehenden braunhütigen, schuppigen und im Fleisch rötenden Egerlingen sind ungefährlich.

Ähnlich: Der in Nadelwäldern auf Kalk vorkommende **Große Waldegerling** *Agaricus langei* besitzt breitfaserige, pinselartige, kastanienbraune Hutschuppen, sein Fleisch verfärbt sich beim Anschneiden sofort blutrot.
Der in M.-EU. nur vereinzelt auftretende **Breitschuppige Egerling** *A. lanipes* gilbt in der Stielknolle und riecht hier anis- oder mandelartig.
Der **Braune Kompostegerling** *A. vaporarius* (Bild unten) wächst meist gruppenweise an humusreichen Stellen, z.B. Komposthaufen, auch an Wegrändern. An seinen dunkelbraunen, breiten Faserschuppen ist er gut zu erkennen; auch sein Fleisch rötet. Alle sind **essbar**.

Spitzschuppiger Schirmling *Lepiota aspera* ungenießbar

Merkmale: <u>Hut</u> bis zu 12 (15) cm breit, beim jungen Pilz kegelig bis glockig, später gewölbt bis fast ausgebreitet mit stumpfem Buckel, relativ dünnfleischig, rost- bis lehmbräunlich, manchmal mit gelblichen Tönen, mehr oder weniger dicht mit kegelwarzigen bis spitzkegeligen, abwischbaren Schuppen bedeckt, Hutrand anfangs durch einen spinnwebartigen Schleier mit dem Stiel verbunden. <u>Lamellen</u> am Stiel frei, sehr dicht stehend, mit kürzeren untermischt, oft gegabelt, dünn, weiß. <u>Stiel</u> bis etwa 12 cm lang, bis 2 cm dick, oberhalb des hängenden, häutig-fädigen, braunrandigen Rings weiß, abwärts braunschuppig, Basis knollig. <u>Fleisch</u> weich, weiß; Geruch stark, widerwärtig, Geschmack mild, unangenehm.
Speisewert: Ungenießbar.
Vorkommen: Vorwiegend in Laubwäldern in Laubstreu, seltener in reinen Nadelwäldern, auf nährstoffreichen Böden, in Parkanlagen und Gärten, einzeln bis gesellig wachsend. In M.-EU weit verbreitet. VIII-X.

Wissenswertes: Es gibt etwa 11 spitzschuppige bzw. mehr oder weniger ausgeprägt kegelwarzige Schirmlinge. Der **Kegelschuppige Schirmling** *L. hystrix* etwa ist dichter schwarzbraun schuppig und besitzt braune Lamellenschneiden. **RL** Neuerdings werden diese Arten zu einer eigenen Gattung der Stachelschirmlinge *Echinoderma* zusammengefasst. Die Bestimmung der einzelnen Arten erfordert viel Erfahrung. Alle diese Pilze sind ungenießbar oder gar giftig.

Der Spitzschuppige Schirmling ist am spinnwebartigen Schleier und den dicht stehenden Lamellen gut zu erkennen.

Wolliggestiefelter Schirmling *Lepiota clypeolaria* ungenießbar

Merkmale: <u>Hut</u> bis etwa 8 cm breit, jung halbkugelig bis stumpfkegelig, älter gewölbt bis fast ausgebreitet mit stumpfem, glattem Buckel, relativ dünnfleischig, auf hellem, cremefarbenem Grund mit kleinen ockergelblichen bis braunen, fast wolligen Schüppchen bedeckt, Hutrand oft wollig behängt. <u>Lamellen</u> am Stiel frei, mäßig gedrängt, mit kürzeren untermischt, bauchig, dünn, Schneiden flockig, weiß. <u>Stiel</u> bis etwa 10 cm lang und bis 0,8 cm dick, brüchig, oberhalb der undeutlichen Ringzone blass bräunlich, unterhalb weißlich wollig-flockig. <u>Fleisch</u> weich, weiß; Geruch irgendwie fruchtig, Geschmack mild.
Speisewert: Ungenießbar.
Vorkommen: Vorwiegend in Laubwäldern in der Laubstreu. In M.-EU weit verbreitet. VIII-X.
Wissenswertes: Die Gattung der Schirmlinge *Lepiota* beinhaltet über 55 kleine bis mittelgroße Arten mit meist glatter Hutmitte, ansonsten schuppig, flockig oder körnig aufgelöster Oberfläche, mit weißen, gelben, rötlichen, braunen, schwärzlichen oder grünlichen Farben. Die weißen bis gelblichen, mäßig bis sehr dicht stehenden Lamellen sind meist nicht am Stiel angewachsen, der mehr oder weniger zylindrische Stiel trägt einen flockigen, wolligen bis häutigen, manchmal vergänglichen Ring. Das Sporenpulver ist weiß bis cremefarben. Einige kleine Arten können schwere Vergiftungen hervorrufen, die denen der Knollenblätterpilze (⇨ S. 98) ähneln.

Verwandt: Der **Stinkschirmling** *Lepiota cristata,* ein kleiner, gesellig an Wegrändern wachsender Pilz mit weißlichem, braun gebuckeltem Hut und glattem, häutig beringtem Stiel, ist durch einen starken, eigenartig unangenehmen Geruch gekennzeichnet; ungenießbar.

Parasol, Riesenschirmling *Macrolepiota procera* **essbar**

Merkmale: <u>Hut</u> bis etwa 30 cm breit, jung fast kugelförmig, älter gewölbt bis ausgebreitet mit stumpfem Buckel, jung bräunlich feinschuppig, später auf cremeweißem Grund braunschuppig aufbrechend, Mitte einheitlich glatt. <u>Lamellen</u> am Stiel frei, nicht sehr dicht stehend, untermischt, breit, bauchig, weiß, im Alter bräunlich. <u>Stiel</u> bis etwa 40 cm lang, bis 2 cm dick, Ring dickhäutig, flockig, verschiebbar, Oberfläche braun genattert, Basis breitknollig. <u>Fleisch</u> weiß, wattig weich, im Stiel längsfaserig, pelzig ausgestopft bis hohl; Geruch angenehm, Geschmack mild, nussartig.

Speisewert: Guter Speisepilz, der meist paniert und gebacken wird. Da der Stiel sehr holzig ist, empfiehlt es sich, nur die Hüte zu ernten. Ebenso sollten junge, noch paukenschlegelartige Pilze stehen gelassen werden, da sie sich aufgrund ihrer Konsistenz weniger zum Verzehr eignen.

Vorkommen: In Laub- und Nadelwäldern, meistens einzeln wachsend. In EU weit verbreitet und fast überall anzutreffen. VII-X.

Wissenswertes: Die Gattung der Riesenschirmlinge *Macrolepiota* umfasst etwa 15 mittelgroße bis große Arten mit schuppigen, weißen, ockerfarbenen oder braunen Hüten und freien, weißen Lamellen. Der lange Stiel trägt eine knollige Basis und einen beweglichen Ring, das Sporenpulver ist weiß bis blassrosa. Bei 2 rötenden Arten wurde von Magen-Darm-Vergiftungen berichtet.

Ähnlich: Der **Safranschirmling** *M. rachodes* ist etwas kleiner, sein Stiel ist nicht genattert, das Fleisch läuft safrangelb an; **essbar**.

Starkriech. Körnchenschirmling *Cystoderma carcharias* **ungenießbar**

Merkmale: <u>Hut</u> bis etwa 5 cm breit, jung fast kegelförmig, älter gewölbt bis ausgebreitet, oft mit stumpfem Buckel, falbfarben mit fleischrosa Tönung, weiß und dunkler feinkörnig-mehlig, Hutrand flockig. <u>Lamellen</u> schmal am Stiel angewachsen, nahezu gedrängt, mit kürzeren untermischt, breit, dünn, weiß bis cremefarben. <u>Stiel</u> bis etwa 7 cm lang, bis 0,7 cm dick, oberhalb der Ringzone weiß und eingewachsen faserig, unter dem trichterförmigen Ring hutfarben, körnig-kleiig. <u>Fleisch</u> weißlich; Geruch stark staubartig, fast stechend, Geschmack ausgesprochen widerlich.

Speisewert: Völlig ungenießbar.

Vorkommen: Vor allem in Nadelwäldern, gern an moosigen, krautigen Stellen, einzeln bis gesellig wachsend. In M.-EU weit verbreitet und örtlich häufig. IX-XI.

Wissenswertes: In der Gattung der Körnchenschirmlinge *Cystoderma* werden etwa 12 kleine bis mittelgroße Arten mit mehr oder weniger körnigen, weißen, ockergelblichen, orangefarbenen, rötlichen oder bräunlichen Hüten zusammengefasst. Ihre Lamellen sind am Stiel mehr oder weniger angewachsen, dünn und weiß bis ockergelblich, der Stiel ist unterhalb des flockigen bis häutigen Rings meist hutfarben und körnig-flockig. Das Fleisch kann geruchlos sein oder auch unangenehm stark nach Staub oder Erde riechen. Das Sporenpulver ist weiß bis blass cremefarben. Sämtliche Arten gelten als ungenießbar.

Verwandt: Der **Amiant-Körnchenschirmling** *C. amiantium*, eine häufige Art, wächst an ähnlichen Standorten und kann blassgelb, ocker- oder orangegelb, rostrot oder gar olivgelb gefärbt sein. Sein Stiel ist hutfarben, sein flockiger Ring vergänglich; **ungenießbar**.

Schopftintling

Coprinus comatus — **essbar**

Merkmale: Hut bis zu 15 cm hoch, bis 6 cm breit, langglockig über dem Stiel sitzend, weiß, faserig, mit groben, abstehenden, leicht bräunlichen Schuppen bedeckt, sich vom Rand her bald rosa verfärbend, sich schließlich aufbiegend und tintenartig zerfließend. Lamellen dicht gedrängt, zunächst weiß, dann von außen her eine rosa Tönung zeigend, schließlich mit dem Hut zerfließend. Stiel bis etwa 20 cm lang, 1-1,5 cm dick, fast zylindrisch, mit konischer Spitze, glatt, hohl, längsfaserig, weiß. Fleisch zart, geruchlos.

Speisewert: Guter, zarter Speisepilz.

Vorkommen: In Wiesen, Rasenflächen, Feldern, Gärten, an Wegrändern, auf nährstoffreichen Böden. In EU weit verbreitet, häufig, oft sogar massenhaft auftretend. VI-XI.

Wissenswertes: Vom S. werden nur die Hüte mit den noch weißen Lamellen geerntet. Dazu dreht man die Hüte vom Stiel ab. Der spargelartig stehende Stiel verbleibt am Standort.

Spechttintling

Coprinus picaceus — **ungenießbar**

Merkmale: Hut bis zu 10 cm hoch, bis 4 cm breit, glockig über dem Stiel sitzend, jung mit einem weißen, flockigen Velum überzogen, das, sobald der Hut sich streckt, in einzelne, kleine, faserige Flöckchen aufreißt und die dunkelbraune bis schwarzbraune Huthaut sichtbar werden lässt. Lamellen dicht gedrängt, zunächst weiß, dann von außen her eine zartrosa Färbung zeigend und schließlich mit dem Hut zerfließend. Stiel oft tief im Laub steckend, bis etwa 15 cm lang, 1-1,5 cm dick, fast zylindrisch, zerbrechlich, fein weißflockig, hohl. Fleisch unter der Huthaut braun; Geruch gasartig, Geschmack unangenehm.

Speisewert: Ungenießbar.

Vorkommen: In feuchten, humusreichen Laubwäldern auf kalkhaltigen Böden, gern in dichter Laubstreu. In EU weit verbreitet und oft standorttreu, manchmal aber auch massenhaft und unerwartet auftretend. VII-X.

Wissenswertes: Der S. ist kaum zu verwechseln.

Faltentintling, Grauer Tintling

Coprinus atramentarius — **bedingt essbar**

Merkmale: Hut bis etwa 10 cm hoch, 8 cm breit, jung fast eiförmig, älter glockig über den Stiel sitzend, längsfaltig, graubraun, in der Mitte mit bräunlichen Schüppchen bedeckt, später verkahlend, sich am Rand aufbiegend und schließlich tintenartig zerfließend. Lamellen dicht gedrängt, zunächst weißgrau, verfärben sich dann von den Schneiden her rotbräunlich und zerfließen schließlich mit dem Hut. Stiel bis etwa 15 cm lang, 1-1,5 cm dick, fast zylindrisch, Spitze konisch, weiß, fein längsfaserig, mit knotig verdickter Ringzone, darunter fein-, manchmal braunschuppig, hohl, brüchig. Fleisch grau, im Stiel weiß, dünnfleischig, fast geruchlos.

Speisewert: Der F. wird gelegentlich gegessen, ist aber sicherlich kein klassischer Speisepilz. Zudem wird über Vergiftungserscheinungen in Verbindung mit Alkoholgenuss vor und nach der Pilzmahlzeit berichtet. Sein Inhaltsstoff Coprin kann neben anderen Symptomen einen metallischen Geschmack, Herzklopfen, erhöhten Puls, Hitzegefühle, Hautrötungen, Kopfschmerzen und Atemnot, selten auch Übelkeit auslösen.

Vorkommen: In Wiesen und Feldern sowie Gärten, an Wegrändern, auf nährstoffreichen Böden, oft büschelig wachsend. In EU weit verbreitet, häufig. V-XI.

Wissenswertes: Die Tintlinge *Coprinus* umfassen über 90 sehr kleine bis mittelgroße Arten. Bei den meisten Arten zerfließen die Lamellen vom Hutrand her. Es handelt sich um Fäulnisbewohner auf Erde, Streu, Dung oder Holz. Der größte Teil ist nur von Spezialisten sicher bestimmbar.

> *Verwandt:* Der **Gesäte Tintling** *C. disseminatus*, ein attraktiver, kleiner Pilz, wächst an toten Laubholzstrünken; **ungenießbar**.
>
>

Grünspanträuschling *Stropharia aeruginosa* bedingt essbar

Merkmale: Hut bis etwa 8 cm breit, jung halbku-gelig, älter flacher gewölbt, Mitte rundbuckelig, Oberfläche schleimig, feucht glatt, dunkel blau-grün, älter gelblich verblassend, mit im Schleim schwimmenden, weißen Schüppchen (Velumres-ten), Rand behangen. Lamellen am Stiel angewach-sen, gedrängt, mit kürzeren untermischt, jung blass graurosa, später violettbraun, Schneiden weißflockig. Stiel bis etwa 10 cm lang, 1 cm dick, zylindrisch, Spitze blass bläulich, Ring faserhäu-tig, bald vom herabgefallenen Sporenstaub braun gefärbt, abwärts mit abstehenden, faserigen Schuppen besetzt, Basis weißfilzig, mit weißen Myzelsträngen verbunden. Fleisch weiß bis blau-grün; Geruch muffig, grasartig, Geschmack unbe-deutend bis leicht metallisch.

Speisewert: Bedingt essbar, minderwertig.

Vorkommen: Laub- und Nadelwälder, gern an ver-grabenen Holzresten, an bemoosten Baum-stümpfen, meist büschelig wachsend. In M.-EU weit verbreitet und örtlich häufig. IX-XI.

Wissenswertes: Die Gattung der Träuschlinge *Stropharia* umfasst etwa 16 kleine bis mittelgro-ße Arten mit weißen, gelblichen, blaugrünen oder bräunlichen, schleimig bis schmierigen, manch-mal mit Velumresten besetzten Hüten. Ihre La-mellen sind am Stiel mehr oder weniger weit an-gewachsen und grau gefärbt mit violettbrauner Tönung, der Stiel ist fein längsfaserig bis flockig-schuppig, meist mit einer flockigen bis häutigen Ringzone. Das Sporenpulver ist lilagrau oder lila-braun bis purpurbraun. Träuschlinge sind Sapro-phyten, d.h., sie leben von toten Pflanzenresten. Einige Arten davon gelten als giftverdächtig.

Ähnlich: Der **Blaue Träuschling** *Stro-pharia caerulea* (= *S. cyanea*) hat ei-nen faserig flocki-gen Stiel ohne Ring; **bedingt essbar**.

Rotbrauner Riesenträuschling *Stropharia rugosoannulata* essbar

Merkmale: Hut bis etwa 15 (20) cm breit, jung halbkugelig, älter flacher gewölbt, fleischig, feucht fettig, trocken glatt, etwas schuppig-fel-derig aufbrechend, grau- bis rotbraun, bisweilen weinrötlich überfasert. Lamellen am Stiel ange-wachsen, fast gedrängt, mit kürzeren untermischt, jung hellgrau, dann grauviolettlich, alt schwarz-violett, Schneiden weiß, fein gekerbt. Stiel bis etwa 15 cm lang, 2,5 cm dick, zylindrisch bis leicht keulig, fleischig, Spitze weiß, fein gerieft, ab-wärts hellgelblich überfasert, Ring häutig, ober-seits fein gerieft, Rand etwas gezähnelt, weiß, vom Sporenstaub aber bald dunkelbraun gefärbt, Stielbasis mit weißen, dicken Myzelsträngen ver-bunden. Fleisch weiß; Geruch schwach rettichar-tig, Geschmack mild, etwas zusammenziehend.

Speisewert: Essbar. Nach dem Genuss von unge-nügend erhitzten Pilzen sind bei empfindlichen Personen Verdauungsbeschwerden möglich.

Vorkommen: In Gärten und Feldern, auf gedüng-ten Böden, auf Pflanzenresten (Stroh, Holzhäck-sel), einzeln bis gesellig, oft büschelig wachsend. In M.-EU nur vereinzelt vorkommend. VI-X.

Wissenswertes: Der R.R. wurde aus Amerika ein-geschleppt, wo er natürlich und weit verbreitet vorkommt. In EU ist diese große, fleischige Art ein beliebter Kulturpilz. Er wird meist auf Strohballen gezüchtet und kommt bei uns dann als so genann-te Braunkappen auf den Markt.

Ähnlich ist der seltene und in Nadelwäldern vor-kommende **Üppige Träuschling** *S. hornemannii*, der feucht einen stark schleimigen Hut und unter-halb des Rings einen stark schuppigen Stiel auf-weist. Er gilt als **giftverdächtig**. RL

Der Rotbraune Riesenträuschling ist an seinem rauch-grauen bis grauvioletten Lamellen gut zu erkennen.

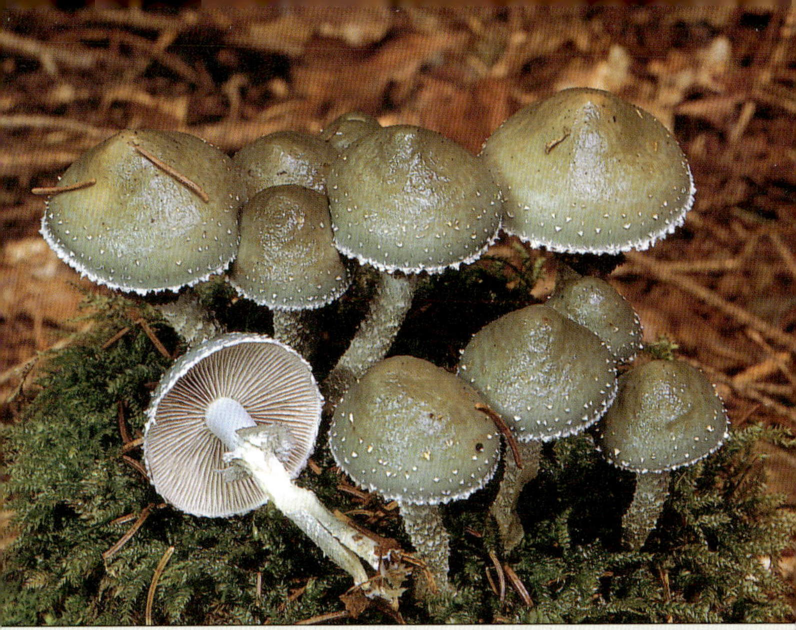

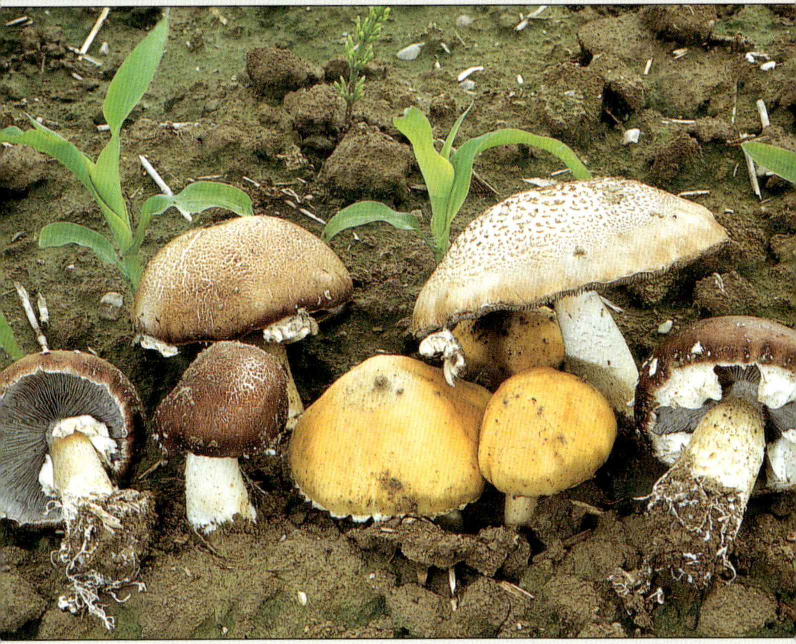

Rauchblättriger Schwefelkopf
Hypholoma capnoides **essbar**

Merkmale: <u>Hut</u> 10 cm, halbkugelig, älter etwas flacher; feucht gelbockerfarben bis gelbbraun, am Rand bisweilen graugelb. <u>Lamellen</u> angewachsen, relativ dicht stehend, jung blass, bald rauchgrau. <u>Stiel</u> 8 (10) cm, 0,5-1 cm schlank, heller als der Hut, Basis bräunlich. <u>Fleisch</u> weiß; Geruch unbedeutend, Geschmack mild, angenehm.
Speisewert: Guter Suppenpilz.
Vorkommen: An Nadelholzstümpfen von Fichte u. Kiefer, meist büschelig. In EU weit verbreitet. IX-XI.
Wissenswertes: Man achte auf die grau gefärbten Lamellen ohne grünliche Töne!

Grünblättriger Schwefelkopf
Hypholoma fasciculare **giftig**

Merkmale: <u>Hut</u> 6 (8) cm, halbkugelig, im Alter abflachend; glatt, orangegelb oder schwefelgelb, Rand bisweilen gelbgrünlich. <u>Lamellen</u> angewachsen, relativ dicht stehend, schwefelgelb, älter graugrün. <u>Stiel</u> 8 (10) cm lang, 0,5-1 cm dünn, hutfarben, Basis bräunlich. <u>Fleisch</u> hellgelb; Geruch unbedeutend, Geschmack sehr bitter.
Speisewert: Verursacht Magen- und Darmbeschwerden mit Durchfall und Erbrechen.
Vorkommen: An totem Nadel- und Laubholz, meist dicht büschelig wachsend. In EU weit verbreitet und fast überall häufig. IX-XI.

Ziegelroter Schwefelkopf
Hypholoma sublateritium **ungenießbar**

Merkmale: <u>Hut</u> bis 10 cm breit, matt; Mitte ziegelrot, Rand mehr orangegelb, bisweilen mit grüngelblichen Velumresten überzogen. <u>Lamellen</u> hellgelb, älter olivbraun. <u>Stiel</u> bis zu 12 cm lang, 1 cm dick, hellgelb, abwärts bräunlich. <u>Fleisch</u> hellgelb; Geschmack meist bitter.
Speisewert: Ungenießbar, bitterer Geschmack.
Vorkommen: Meist büschelig an toten Laubholzstümpfen wachsend. In EU weit verbreitet. IX-XI.
Wissenswertes: Die Schwefelköpfe *Hypholoma*, etwa 14 Arten, sind immer ringlos, ihre Hüte trocken. Sie wachsen an Holz, in Moosen oder im Torfmoos. Das Sporenpulver ist braunviolettlich.

Sparriger Schüppling
Pholiota squarrosa **bedingt essbar**

Merkmale: <u>Hut</u> 10 (15) cm breit, halbkugelig, älter abflachend; trocken, auf gelbbraunem Grund dicht mit abstehenden, fuchsbraunen Schuppen besetzt. <u>Lamellen</u> angewachsen, zunächst wachsgelb, älter rostfarben. <u>Stiel</u> bis 15 cm lang, 1-2,5 cm dick, sparrig-schuppig wie der Hut, nach unten bräunlich. <u>Fleisch</u> gelblich; Geruch nach morschem Holz oder Stroh, Geschmack bitter, rettichartig.
Speisewert: Abgekocht bedingt essbar.
Vorkommen: An toten, aber auch parasitisch an lebenden Nadel- und Laubhölzern, Obstbäumen, meist büschelig am Stammgrund wachsend. In EU weit verbreitet, mancherorts häufig. IX-XI.

Goldfellschüppling
Pholiota aurivella **bedingt essbar**

Merkmale: <u>Hut</u> bis 10 (15) cm breit, zitronen-, gold- bis ockergelb, mit in Schleim schwimmenden, dunkleren Schuppen bedeckt, die bei Trockenheit auf der Huthaut kleben. <u>Lamellen</u> blass, älter rostbraun. <u>Stiel</u> bis 12 cm lang, 1-2,5 cm dick, hellgelb, trocken, mit faseriger Ringzone, abwärts etwas bräunlich schuppig. <u>Fleisch</u> hellgelb; Geruch angenehm, Geschmack mild, säuerlich.
Speisewert: Bedingt essbar, minderwertig.
Vorkommen: Meist büschelig an lebenden und toten Laubbäumen, bis einige Meter über dem Boden. In M.-EU weit verbreitet. IX-X.
Wissenswertes: Der G. wird auch Hochthronender Schüppling genannt, lateinisch auch *P. cerifera*.

Pappelschüppling
Pholiota populnea **ungenießbar**

Merkmale: <u>Hut</u> bis 10 (15) cm breit, trocken, blass grau- bis ockerbräunlich, faserig-wollig schuppig, Rand überstehend. <u>Lamellen</u> blass, älter rostbraun. <u>Stiel</u> bis 12 cm lang, 1-2,5 cm dick, hutfarben, faserflockig. <u>Fleisch</u> weißlich; Geruch unauffällig, Geschmack unangenehm bitter.
Speisewert: Ungenießbar, schmeckt sehr bitter.
Vorkommen: Meist büschelig an toten Stämmen oder an noch lebenden Pappeln. In M.-EU verbreitet, aber nicht häufig. IX-X.
Wissenswertes: Die Schüpplinge *Pholiota*, rund 30 Arten, sind kahl, filzig oder schuppig, trocken o. schleimig, an Holz u. Pflanzenresten. Ihr Sporenpulver ist rostbraun. Der P. heißt auch *P. destruens*.

Stockschwämmchen *Kuehneromyces mutabilis* essbar

Merkmale: <u>Hut</u> bis 5 (8) cm breit, gewölbt, glatt, feucht fettig glänzend, gelb- bis zimtbraun, trocken von der Mitte her verbleichend, Rand schwach gerieft und feucht länger dunkel bleibend, jung bisweilen mit Velumresten behangen. <u>Lamellen</u> am Stiel mit Zahn herablaufend, jung hellocker, später rostbraun. <u>Stiel</u> bis etwa 8 cm lang und 0,7 cm dick, oft gebogen, zäh, hohl, Spitze hell gelblich, unterhalb des aufsteigend befestigten, nach unten hängenden, faserhäutigen, oft vergänglichen Rings, bräunlich sparrig schuppig. <u>Fleisch</u> blass cremefarben, im Stiel braun; Geruch unbedeutend, Geschmack mild.
Speisewert: Wohlschmeckender Speisepilz.
Vorkommen: An morschen Laub- und Nadelholzstümpfen oder vergrabenem Holz, meist büschelig wachsend. In M.-EU dicht verbreitet und fast überall vorkommend. VI–XI.
Wissenswertes: Gefährlich wäre eine Verwechslung mit dem Gifthäubling (siehe unten), der zwar meist an Nadelholz, aber hin und wieder auch an Laubholz vorkommt. Des Weiteren sind Verwechslungen mit Schwefelkopf-Arten und Schüpplingen denkbar (⇨ S.114).
Die 2. Art der Gattung, das **Glattstielige Frühlingsstockschwämmchen** *K. myriadophyllus* (*= K. lignicola = K. vernalis*), ist in höheren Bergnadelwäldern zu finden. Es besitzt feinflockige Lamellenschneiden, einen längsfaserigen Stiel und riecht schwach rettichartig; **bedingt essbar**.

Der faserhäutige Ring des Stockschwämmchens wird durch herabfallendes Sporenpulver bräunlich gefärbt.

Gifthäubling *Galerina marginata* giftig!

Merkmale: <u>Hut</u> bis etwa 4 cm breit, dünnfleischig, jung gewölbt, älter abgeflacht, Mitte schwach gebuckelt bis leicht vertieft, kahl, glatt, feucht ocker- bis honigbraun, mit schwach gerieftem Rand, trocken zu hellem Gelbbraun verblassend. <u>Lamellen</u> am Stiel angewachsen, eher weit stehend, mit kürzeren untermischt, beim jungen Pilz hell ockerfarben, später rostbraun. <u>Stiel</u> bis etwa 6 cm lang und 0,6 cm dick, älter hohl, Spitze hell honigfarben, fein weißlich bereift; Ring hell, bald durch Sporenstaub bräunlich, aufsteigend befestigt, faserhäutig, oft vergänglich; Stiel abwärts auf bräunlichem Grund weißfaserig überzogen, Basis weißfilzig. <u>Fleisch</u> zart ockerfarben getönt; Geruch nach feuchtem Mehl, Geschmack mehlartig.
Speisewert: Sehr giftig! Enthält ähnliche Giftstoffe (Amatoxine) wie der Kegelhütige und der Grüne Knollenblätterpilz (⇨ S.98).
Vorkommen: An Nadelholz, nur selten an Laubholz, moosigen Stümpfen, vergrabenen Ästen oder Holzhäckseln, einzeln bis gesellig wachsend. In M.-EU weit verbreitet, in der Nordhälfte von D nur vereinzelt vorkommend. VIII–XI.
Wissenswertes: Der mehlartig riechende G. ist der klassische giftige Doppelgänger des Stockschwämmchens (siehe oben).
Die Gattung der Häublinge *Galerina* umfasst über 40 kleine, dünnfleischige Arten mit glockig-kegeligen, trockenen bis schmierigen Hüten, die feucht am Rand durchscheinend gerieft und gelb- bis rostbräunlich gefärbt sind, bei Trockenheit heller getönt sind. Ihre angewachsenen Lamellen sind ocker- bis rostbraun, das Sporenpulver ist rostbräunlich. Es finden sich keine Speisepilze darunter.

Der Stiel des Gifthäublings ist flockig beringt und abwärts auf braunem Grund weißlich flockig überzogen.

Ziegelroter Risspilz
Inocybe erubescens **giftig!**

Merkmale: <u>Hut</u> bis 7 cm breit, kegelig bis stumpf-buckelig, eingewachsen radialfaserig, trocken einreißend, blass strohbräunlich, rötlich verfärbend. <u>Lamellen</u> angewachsen, weißlich, älter oliv-bräunlich, rötend, die Schneiden weiß. <u>Stiel</u> bis zu 10 cm lang, 0,8-2 cm dick, weißlich, älter ziegelrot, faserig. <u>Fleisch</u> weiß, rötend; Geruch obstartig.
Speisewert: Sehr giftig! Enthält einen hohen Anteil an Muscarin, einem Gift, das zu Kreislauf- und Nervenerkrankungen führen kann.
Vorkommen: In Laubwald, Parkanlagen, auf kalkhaltigen Böden. In M.-EU weit verbreitet. V-VII.

Seidiger Risspilz
Inocybe geophylla **giftig!**

Merkmale: <u>Hut</u> bis 4 cm breit, kegelig bis gewölbt mit stumpfem Buckel, seidig glatt, cremeweiß. <u>Lamellen</u> angewachsen, blass ockerfarben, älter ockerbraun, Schneiden weißflockig. <u>Stiel</u> bis 6 cm lang, 0,3-0,5 cm dünn, weiß längsfaserig. <u>Fleisch</u> weiß; Geruch muffig, schwach spermatisch.
Speisewert: Sehr giftig, s. Ziegelroter Risspilz.
Vorkommen: In Laub- und Nadelwald, Parkanlagen, an Wegrändern. In M.-EU sehr häufig. VIII-X.
Wissenswertes: Die über 200 Arten Risspilze *Inocybe* haben einen kegeligen, faserig bis schuppigen, oft einreißenden Hut. Die schmutzig braunen Lamellen sind angewachsen, das Sp.pulver ist braun.

Rettichfälbling
Hebeloma sinapizanz **giftig**

Merkmale: <u>Hut</u> bis 12 cm breit, rosabräunlich bis ockerbraun, Mitte oft dunkler, glatt. <u>Lamellen</u> angewachsen, hell, alt zimtbraun, Schneiden weiß bewimpert. <u>Stiel</u> bis 7 cm lang, 1-2,5 cm dick, weißlich, faserig-schuppig, Basis verdickt. <u>Fleisch</u> weiß; Geruch rettichartig, Geschmack bitter.
Speisewert: Verursacht Verdauungsbeschwerden.
Vorkommen: In feuchten Laub- und Nadelwäldern. In M.-EU weit verbreitet. VIII-X.
Wissenswertes: Es gibt eine ganze Reihe ähnlicher Fälblinge mit interessanten Gerüchen, die beispielsweise an Marzipan oder Kakao erinnern. Typisch für den R. ist ein keilförmiger Zapfen, der vom Hutfleisch in den hohlen Stiel reicht.

Kegeliger Risspilz
Inocybe rimosa **giftig!**

Merkmale: <u>Hut</u> bis 9 cm breit, meist kegelig, eingewachsen radialfaserig-streifig, Rand oft eingerissen, strohgelb bis ockerbraun. <u>Lamellen</u> angewachsen, weißlich, älter oliv-bräunlich, Schneiden weißflockig. <u>Stiel</u> bis 8 cm lang, 0,6-1 cm dünn, faserig, heller als der Hut, weiß bereift. <u>Fleisch</u> weiß; Geruch muffig, etwas spermatisch.
Speisewert: Sehr giftig, s. Ziegelroter Risspilz.
Vorkommen: In Laub- und Nadelwald, Parkanlagen, an Wegrändern. In M.-EU sehr häufig. VIII-X.
Wissenswertes: Der K.R. ist eine variable Art. Seine richtige Bestimmung erfordert Erfahrung.

Weißer Risspilz
Inocybe fibrosa **giftig!**

Merkmale: <u>Hut</u> bis 10 cm breit, kegelig bis gewölbt mit breitem Buckel, seidig glatt, fein faserig, cremeweiß. <u>Lamellen</u> angewachsen, hell ockerfarben, älter graubraun, Schneiden weißflockig. <u>Stiel</u> bis 9 cm lang, 1,5-2 cm dick, weißlich, längsfaserig. <u>Fleisch</u> weiß; Geruch etwas spermatisch.
Speisewert: Sehr giftig, s. Ziegelroter Risspilz.
Vorkommen: In Laub- und Nadelwäldern auf Kalkböden. In M.-EU mehr in montanen Lagen. VIII-X.
Wissenswertes: Der **Fliederweiße Risspilz** *I. sambucina* sieht sehr ähnlich aus. Mit seinem kräftigen Wuchs erinnert der W.R. auch an weiße Ritterlinge, die aber keine braunen Lamellen besitzen.

Tongrauer Tränenfälbling
Hebeloma crustuliniforme **giftig**

Merkmale: <u>Hut</u> bis 10 cm breit, tonweißlich bis hell graubraun, Rand lange eingerollt, glatt. <u>Lamellen</u> ausgebuchtet, jung weißlich, alt hellgraubraun, Schneiden heller, schartig, tränend. <u>Stiel</u> bis 7 cm lang, 1-2 cm dick, weißlich, flockig. <u>Fleisch</u> weiß; Geruch rettichartig, Geschmack bitter.
Speisewert: Verursacht Verdauungsbeschwerden.
Vorkommen: In Laub- und Nadelwald, Gebüsch, an grasigen Stellen. In M.-EU weit verbreitet. VIII-X.
Wissenswertes: Die meist falbfarbenen bis bräunlichen Fälblinge *Hebeloma*, über 50 kleine bis große Arten, haben angewachsene, tongraue bis braune Lamellen, Stiele mit flockiger Spitze, graubis rostbraunes Sporenpulver. Keine Speisepilze.

Blutroter Hautkopf *Cortinarius (Dermocybe) sanguineus* giftig

Merkmale: <u>Hut</u> bis etwa 5 cm breit, gewölbt, bisweilen stumpf gebuckelt, fein faserig bis filzig, matt, einheitlich dunkelrot, älter schmutzig rotbraun, trocken ausbleichend. <u>Lamellen</u> am Stiel ausgebuchtet angewachsen, untermischt, relativ breit, lebhaft blutrot, älter von den Sporen rostbraun bestäubt. <u>Stiel</u> bis etwa 8 cm lang, 0,4-0,7 cm dick, Basis leicht verdickt, auf hellrotem Grund rotbraun längs überfasert. <u>Fleisch</u> dünn, rötlich; Geruch etwas rettichartig.
Speisewert: Giftig, wirkt abführend. In neuerer Zeit werden neben anderen giftigen Inhaltsstoffen auch das Erbgut schädigende diskutiert.
Vorkommen: Mykorrhizapilz in Nadelwäldern auf sauren Böden, in Nadelstreu, zwischen Moosen, einzeln bis gesellig wachsend. In M.-EU weit verbreitet, bevorzugt in montanen Regionen. VIII-X.
Wissenswertes: Die über 25 Arten der Hautköpfe *Dermocybe* werden neuerdings als Untergattung zu den Schleierlingen *Cortinarius* gestellt. Kennzeichnend für die Hautköpfe sind: trockene, dünnfleischige Hüte mit lebhaft gelben, roten oder grünlichen Farben; Lamellen hutfarben; Stiele teils mit farbigen Fasern überzogen; Sporenpulver rostbraun. Die in den Hautköpfen enthaltenen Farbstoffe sind zum Färben von Textilien (Wolle) geeignet. Die meisten Pilze dieser Gruppe gelten zumindest als giftverdächtig.

Verwandt: Der **Blutblättrige Hautkopf** *C. (D.) semisanguineus* wächst an ähnlichen Standorten. Sein Hut ist oliv- bis gelbbräunlich gefärbt, der Stiel messingfarben; giftig.

Zimthautkopf *Cortinarius (Dermocybe) cinnamomeus* giftig

Merkmale: <u>Hut</u> bis etwa 5 cm breit, gewölbt, später abgeflacht und bisweilen stumpf gebuckelt, trocken, fein faserig bis filzig-schuppig, matt, oliv- bis rötlich braun, Randzone bisweilen etwas heller. <u>Lamellen</u> am Stiel angewachsen, unregelmäßig mit kürzeren untermischt, relativ breit, jung hutfarben mit orangefarbenen Tönen, älter rostfarben, Schneiden heller. <u>Stiel</u> bis etwa 6 cm lang, 0,4-0,8 cm dünn, Basis leicht verdickt, Spitze hellgelb, abwärts dunkler, bräunlich überfasert. <u>Fleisch</u> gelblich, über den Lamellen mit orangeroten Tönen; Geruch etwas rettichartig.
Speisewert: Wie alle Hautköpfe ist auch der Z. zumindest giftverdächtig.
Vorkommen: Mykorrhizapilz in Nadelwäldern, unter Fichten und Kiefern, seltener in Laubwäldern, auf sauren Böden, einzeln bis gesellig wachsend. In M.-EU weit verbreitet. VIII-X.
Wissenswertes: Die verschiedenen Hautköpfe mit gelblichen bis orangefarbenen Lamellen sind insbesondere im Alter, wenn die Lamellen durch das rostbraune Sporenpulver verfärbt sind, nur schwer auseinander zu halten.

Ähnlich: Der **Orangeblättrige Hautkopf** *C. (D.) sommerfeltii (=cinnamomeobadius)* ist durch seinen konzentrisch gezonten Hut mit dunklerer Mitte sowie die orangegelblichen Lamellen mit gleichfarbigem Stiel gekennzeichnet. Der seltene **Orangerandige Hautkopf** *C. (D.) malicorius (=croceifolius)* ist in Bergnadelwäldern auf Kalk zu finden und an seinem orangefarbenen Hutrand und den kräftig orange getönten Lamellen zu erkennen.
Der **Safranblättrige Hautkopf** *C. (D.) croceus* (Bild unten) besitzt einen gelben Hutrand, jung schwefelgelbe Lamellen und einen gelben, an Basis rostbraun gefärbten Stiel. Alle giftig.

Dunkelvioletter Dickfuß *Cortinarius violaceus* **bedingt essbar**

Merkmale: Hut bis etwa 12 (15) cm breit, jung halbkugelig, später gewölbt, manchmal mit breitem Buckel, trocken, jung samtig, später fein filzig-schuppig, einheitlich dunkel blauviolett, im Alter bisweilen mit bräunlichen Tönen. Lamellen am Stiel angewachsen, unregelmäßig mit kürzeren untermischt, eher weit stehend, jung satt violett, bald aber durch die Sporen rostbräunlich bestäubt. Stiel bis etwa 12 cm lang, 1-2 cm dick, zylindrisch, abwärts keulig verdickt, Knolle bis 4 cm dick, jung violett, mit faseriger Cortina, abwärts oft genattert, wie gegürtelt. Fleisch dunkel- bis hellviolett, frisch häufig wie marmoriert; Geruch oft stark nach Juchtenleder, Zedernholz oder Zigarrenkisten, Geschmack dumpf, mild.

Speisewert: Bedingt essbar; kein besonders empfehlenswerter Speisepilz.

Vorkommen: Mykorrhizapilz in feuchten Nadel- und Laubwäldern, einzeln bis gesellig wachsend. In M.-EU weit verbreitet, im Flachland nur vereinzelt vorkommend, selten. VIII-X. RL

Wissenswertes: Manche Fachleute unterscheiden eine Nadelwald- (ssp. *hercynicus*) und eine Laubwald-Unterart (ssp. *violaceus*) dieses Pilzes. Der schön gefärbte Schleierling ist kaum mit anderen Pilzen verwechselbar. Unerfahrene Sammler könnten ihn höchstens für einen Violetten Rötelritterling (⇨ S. 68) halten.

In der Gattung der (Haar-)Schleierlinge *Cortinarius* sind über 500 Pilzarten in 6 Untergattungen zusammengefasst. Ihr Erscheinungsbild ist äußerst variabel. Es handelt sich um kleine bis sehr große Fruchtkörper, deren Lamellen beim noch jungen Pilz mit einem faserigen, spinnwebartigen Schleier, der sog. Cortina, überspannt sind, der den Hutrand mit dem Stiel verbindet (Bild ⇨ S. 126). Das Universalvelum kann schwach bis sehr stark entwickelt, reifartig, wollig bis häutig, trocken oder schleimig sein. Das Sporenpulver ist je nach Art hell bis dunkel rostbraun. Alle Schleierlinge sind Mykorrhizapilze. Nur wenige Arten kann man essen, einige Arten sind äußerst giftig.

Orangefuchsiger Raukopf *Cortinarius (Leprocybe) orellanus* **giftig!**

Merkmale: Hut bis etwa 6 (8) cm breit, jung gewölbt, später flacher mit breitem Buckel, trocken, jung samtig, dann fein filzig bis angedrückt schuppig, orangefuchsig bis rostbräunlich. Lamellen am Stiel mehr oder weniger ausgeprägt ausgebuchtet angewachsen, unregelmäßig untermischt, eher weit stehend, bauchig, Schneiden uneben bis schartig; jung zimtorange, älter rostbräunlich. Stiel bis etwa 8 cm lang, 0,5-1,5 cm dick, zylindrisch, Basis bisweilen leicht verdickt aber spitz zulaufend, älter hohl, matt messingfarben, rotbräunlich überfasert. Fleisch blass gelblich, im unteren Stiel leicht bräunlich; Geruch schwach rettichartig, Geschmack mild.

Speisewert: Der O.R. ist tödlich giftig! Die Symptome setzen nach einer extrem langen Latenzzeit von 2 bis zu 17 Tagen ein, u.a. mit Kopfschmerzen, Müdigkeit, trockenem Mund, starkem Durst, Kältegefühl, Erbrechen und Durchfall, Schmerzen in der Lendengegend und Versagen der Harnausscheidung. Die beginnende Schädigung der Nieren zeigt sich durch einen Anstieg der Kreatinin- und Harnstoffwerte im Blut.

Vorkommen: Mykorrhizapilz von Laubbäumen, besonders von Buche und Eiche, nach Literaturangaben auch unter Kiefern. In M.-EU vereinzelt vorkommend, häufiger in wärmebegünstigten Gebieten. VIII-X. RL

Wissenswertes: Die Untergattung der Rauköpfe *Leprocybe* ist durch trockene, feinfilzige bis faserschuppige Hüte, trockene Stiele sowie gelbe bis rostbraune Lamellen gekennzeichnet.

Ähnlich: Der **Spitzbuckelige Raukopf** *C. rubellus (=C. speciosissimus)*, eine häufige Art saurer Bergnadelwälder, ist spitz gebuckelt, sein Stiel natternartig gezeichnet; **giftig!**

Bocksdickfuß *Cortinarius (Sericeocybe) camphoratus* ungenießbar

Merkmale: <u>Hut</u> bis etwa 10 cm breit, jung gewölbt, später abgeflacht, eingewachsen faserig-filzig, fast glatt, matt, hell lilaviolett, im Lauf der Zeit verblassend mit ockerbräunlichen Stellen; Rand länger violett, jung durch einen weißen Schleier mit dem Stiel verbunden. <u>Lamellen</u> am Stiel angewachsen, unregelmäßig mit kürzeren untermischt, mäßig gedrängt stehend, zunächst schön blauviolett, älter rostbräunlich. <u>Stiel</u> bis etwa 10 cm lang, 1-2,5 cm dick, zylindrisch, Basis bisweilen verdickt, Spitze blauviolett, jung durch ein hell lilaviolettes Velum überfasert, später verkahlend, hell bräunlich fleckend. <u>Fleisch</u> weißlich, in der Stielspitze und über den Lamellen violettlich; Geruch ausgesprochen unangenehm, an faulende Kartoffeln erinnernd (Bocksgestank).
Speisewert: Ungenießbar.
Vorkommen: Mykorrhizapilz in Nadelwäldern, gern an feuchten, moosreichen Stellen, einzeln bis gesellig wachsend. In M.-EU weit verbreitet, im Flachland nur vereinzelt vorkommend. IX-X.

Wissenswertes: Die Untergattung der Seidenköpfe *Sericeocybe*, rund 30 Arten, ist durch meist trockene, seidige oder glimmerige, seltener feinschuppige Hüte, trockene Stiele und blaue bis violette oder aber tonfarbene bis rostbraune Lamellen gekennzeichnet. Wenige Arten sind essbar.

Ähnlich: Der **Safranfleischige Dickfuß** *C. (S.) traganus*, eine Pilzart von Laub- und Nadelwäldern auf sauren Böden, hat ein safrangelbes Fleisch und riecht ein wenig nach Äther; schwach giftig.

Honigschleimfuß *Cortinarius (Myxacium) stillatitius* bedingt essbar

Merkmale: <u>Hut</u> bis etwa 8 cm breit, jung fast halbkugelig, später glockig bis gewölbt, bisweilen abgeflacht mit stumpfem Buckel, feucht stark schleimig, abtrocknend etwas klebrig, ockerbräunlich, manchmal mit oliven Tönen, mit der Zeit ausbleichend. <u>Lamellen</u> am Stiel angewachsen, unregelmäßig mit kürzeren untermischt, mäßig gedrängt stehend, Schneiden gekerbt, zunächst blass graulila, älter rostbraun. <u>Stiel</u> bis zu 10 cm lang, 1-1,5 cm dick, zylindrisch, Basis etwas verjüngt, auf weißlichem, faserigem Grund mit einem schleimigen, violettlichen Velum überzogen, Spitze durch herabfallende Sporen rostbräunlich gefärbt. <u>Fleisch</u> schmutzig weiß; Geruch in der Stielbasis honigartig, Geschmack mild.
Speisewert: Bedingt essbar.
Vorkommen: Mykorrhizapilz in Nadelwäldern, auf sauren Böden, gern zwischen Heidelbeeren, einzeln bis gesellig wachsend. In M.-EU vereinzelt vorkommend. IX-X.
Wissenswertes: Die Untergattung der Schleimfüße *Myxacium*, die etwa 35 Arten von Schleierlingen umfasst, ist durch schleimige Hüte und

Stiele gekennzeichnet. Nur wenige Arten davon sind essbar, einige schmecken bitter.

Ähnlich: Der **Langstielige Schleimfuß** *C. (M.) lividoochraceus (=elatior)* besitzt als junger Pilz lila getönte Lamellen, als älterer einen radialrunzeligen Hut sowie einen abwärts braun gefärbten, spindelig wurzelnden Stiel mit blauvioletter Ringzone und riecht leicht honigartig. Er wächst unter Laubbäumen, in M.-EU aber nur vereinzelt; bedingt essbar.
Der **Blaustiel-Schleimfuß** *C. (M.) muscigenus (=collinitus,* Bild unten), der klassische Doppelgänger des Honigschleimfußes, wächst an ähnlichen Standorten wie dieser. Sein Hut ist aber rotbraun, die Stielbasis riecht nicht nach Honig; bedingt essbar.

Ziegelgelber Schleimkopf *Cortinarius (Phlegmacium) varius* **essbar**

Merkmale: Hut bis zu 10 (12) cm breit, jung gewölbt, später abgeflacht, bisweilen unregelmäßig verbogen, Rand nach unten gebogen; in feuchtem Zustand schleimig-schmierig, trocken etwas klebrig, glatt, gelbbräunlich bis semmelbraun, Mitte bisweilen fuchsbraun. Lamellen am Stiel angewachsen, unregelmäßig mit kürzeren untermischt, mäßig gedrängt stehend, jung zart blauviolett, älter durch die Sporen rostbräunlich. Stiel bis etwa 8 cm lang, 1-2 cm dick, meist keulig, an der Spitze schwach blauviolett, ansonsten weiß, mit mehr oder weniger faseriger Ringzone, die durch herabfallende Sporen bald rostbraun bestäubt ist. Fleisch weiß bis cremefarben, fest; Geruch unbedeutend, Geschmack mild.

Speisewert: Guter Speisepilz. Die verschmutzte Huthaut lässt sich oft nur mühsam abwischen.

Vorkommen: Mykorrhizapilz der Fichte in eher montanen Nadelwäldern, auf kalkhaltigen Böden, einzeln bis gesellig wachsend. In M.-EU im Flachland nur vereinzelt vorkommend. IX-X.

Wissenswertes: Die Untergattung der Schleimköpfe und Klumpfüße *Phlegmacium*, über 180 Arten, ist durch schmierig-schleimige (selten fast trockene) Hüte, weißliche, bräunliche, gelbe, grüne, blaue bis violette Lamellen sowie trockene, knollige bis gerandet-knollige Stiele gekennzeichnet, die Cortina (kleine Fotos) oft ausgeprägt; Sporenpulver rostbräunlich. Nur wenige sind essbar, einige gelbfleischige Arten sehr giftig.

Die herabfallenden Sporen färben den seidenfaserigen Haarschleier (Cortina) am Stiel bald rostbräunlich.

Anisklumpfuß *Cortinarius (Phlegmacium) odorifer* **essbar**

Merkmale: Hut bis etwa 10 cm breit, jung gewölbt, später abgeflacht, Rand nach unten gebogen, bei Feuchtigkeit schleimig-schmierig, trocken klebrig, glatt, Farben variabel, Mitte meist kupferbräunlich, zum Rand hin heller gelbbräunlich oliv, sogar violettlich; Hutrand jung durch kräftig ausgebildetes, seidig-faseriges, grüngelbliches Velum mit dem Stiel verbunden. Lamellen am Stiel angewachsen, unregelmäßig mit kürzeren untermischt, eher gedrängt stehend, jung schön zitronen- oder olivgelb, älter durch die Sporen rostbräunlich. Stiel bis etwa 8 cm lang, 1-2 cm dick, Basis mit gerandeter Knolle, hellgelblich, mit blassgelber Cortina, die durch herabfallende Sporen bald zimtbraun bestäubt ist. Fleisch grünlich gelb; Geruch stark anisartig, Geschmack ebenso.

Speisewert: Essbar, der an Hustenbonbons erinnernde Geschmack sagt aber nicht jedermann zu.

Vorkommen: Mykorrhizapilz montaner Nadelwälder, auf Kalk- und Silikatböden, einzeln bis gesellig wachsend. In Süddeutschland kaum unterhalb von 300 m Höhe, im Alpenvorland bis in Gebirgslagen häufig vorkommend. IX-X.

Wissenswertes: Der **Kupferrote Klumpfuß** *C. (P.) cupreorufus (=orichalceus)* wächst ebenfalls in Nadelwäldern, besitzt aber ein geruchloses, weißliches, in der Rinde grünlich gefärbtes Fleisch; **essbar**. RL!

Bei der Bestimmung der verschiedenen Arten von Schleimköpfen und Klumpfüßen können Reagenzien hilfreich sein. Beim Betupfen der Huthaut oder des Fleisches mit 20-40%igen Laugen (Natron- oder Kalilauge, Ammoniak) verfärben sich diese oft gelb oder braun mit gelber Umrandung.

Der seidenfaserige Schleier, der jung die Lamellen überspannt, ist für die Schleimköpfe und Klumpfüße typisch.

Schleiereule *Cortinarius (Phlegmacium) praestans* **essbar**

Merkmale: <u>Hut</u> bis zu 15 (20) cm breit, jung halbkugelig, mit eingerolltem Rand, älter mehr oder weniger abgeflacht, bei Feuchtigkeit schmierigklebrig, jung violett bis braunviolett und vom weißbläulichen Velum überzogen, das bald fleckig aufreißt; Hutrand bisweilen runzelig, jung durch einen seidigen Haarschleier mit dem Stiel verbunden. <u>Lamellen</u> am Stiel angewachsen, unregelmäßig mit kürzeren untermischt, zunächst weißgrau bis blassviolett, später durch die Sporen zimtbräunlich gefärbt. <u>Stiel</u> kräftig, bis etwa 15 cm lang, 2-5 cm dick, zylindrisch bis keulig-knollig, vom weißvioletten, faserigen bis fast häutig erscheinenden Velum gürtelartig überzogen. <u>Fleisch</u> weißlich, im Stiel bläulich, fest; Geruch unbedeutend, Geschmack mild.
Speisewert: Essbar; vor allem in Italien ein begehrter Speisepilz.
Vorkommen: Mykorrhizapilz in wärmebegünstigten Laubwäldern, besonders unter Buchen auf kalkreichen Böden, einzeln bis gesellig wachsend. In D nur gebietsweise auftretend und dort gewöhnlich selten vorkommend. IX-X. **RL**
Ähnlich: Der **Taubenblaue Schleimkopf** *C. (P.) cumatilis* wächst in Nadel-, seltener auch in Laubwäldern. Er ist kleiner, sein Hut bläulich violett gefärbt und grauweißlich überhaucht, die Lamellen sind jung weißlich. Außerdem ist der Stiel vom Velum violett beschuht; **essbar. RL**

An einer jungen Schleiereule, auch Blaugestiefelter Schleimkopf genannt, sind die weißlich blauen Velumgürtel noch gut zu erkennen.

Erdigriechender Schleimkopf *Cortinarius (Phleg.) variecolor* ungenießbar

Merkmale: <u>Hut</u> bis etwa 15 cm breit, jung halbkugelig gewölbt, älter flacher, in feuchtem Zustand schmierig, Oberfläche glatt, eingewachsen faserig, jung oft gänzlich lilaviolett, älter dunkler bräunlich, doch bleibt das Violett am Rand lange erhalten. <u>Lamellen</u> am Stiel angewachsen, unregelmäßig mit kürzeren untermischt, eher eng stehend, jung blassviolett, älter durch die Sporen rostbräunlich gefärbt. <u>Stiel</u> bis etwa 10 cm lang, 1,5-2,5 cm dick, schlank keulig bis bauchig, faserig, jung violett, abwärts bräunlich, Schleier blassviolett, bald vom Sporenpulver rostbräunlich überstäubt. <u>Fleisch</u> frisch lilafarben, später weißlich verblassend; Geruch besonders älter unangenehm erdig (feuchter Straßenstaub, Rote Bete).
Speisewert: Ungenießbar.
Vorkommen: Mykorrhizapilz in Nadelwäldern, vorwiegend unter Fichten, einzeln bis gesellig wachsend. In M.-EU weit, aber eher in bergigen Lagen verbreitet, örtlich sehr häufig. VIII-X.
Wissenswertes: Dieser Schleimkopf ist an seinem eingewachsen faserigen Hut, dem violetten Rand und dem staubartigen Geruch zu erkennen.
Der **Grauviolette Schleimkopf** *C. (P.) lividoviolaceus* ersetzt den E.S. in Kalkbuchenwäldern und ist nur schwer abgrenzbar: Er ist weniger violett gefärbt und riecht eher angenehm, etwas fruchtartig. Der **Verfärbende Schleimkopf** *C. (P.) nemorensis* wächst ebenfalls unter Buchen auf Kalkböden. Sein Hut ist bei jungen Exemplaren zart lila, bei älteren blass haselbraun gefärbt und nicht eingewachsen faserig. Der Pilz riecht schwach gebäckartig. Beide Arten sind bedingt essbar.

Junge Fruchtkörper des Erdigriechenden Schleimkopfs können schön bläulich violett gefärbt sein.

Violettlicher Gürtelfuß *Cortinarius (Telamonia) flexipes* ungenießbar

Merkmale: <u>Hut</u> 1,5-4 cm breit, jung konisch, später mehr spitzglockig, älter dann flacher ausgebreitet und meist spitz gebuckelt, faserig, in feuchtem Zustand dunkler bräunlich mit lila Tönen, trocken ockergelblich verblassend, Oberfläche dicht mit feinen, weißen Schüppchen besetzt, Rand bisweilen durch Velumreste weiß behängt. <u>Lamellen</u> am Stiel angewachsen, unregelmäßig mit kürzeren untermischt, Schneiden glatt bis etwas gekerbt; jung grauviolett bis violettbraun, älter rostbraun. <u>Stiel</u> schlank, bis etwa 7 cm lang, 3-6 mm dünn, faserig, Spitze deutlich violett, abwärts auf bräunlichem Grund mit weißen Velumresten gürtelartig überzogen. <u>Fleisch</u> bräunlich, in der Stielspitze violettlich, dünn; Geruch stark nach Pelargonienblättern, Geschmack mild.
Speisewert: Ungenießbar.
Vorkommen: Mykorrhizapilz, überwiegend in Nadelwäldern auf sauren Böden, auch unter Birken, an moosreichen Stellen, einzeln bis gesellig wachsend. In M.-EU weit verbreitet. VIII-X.

Wissenswertes: Die über 170 Arten umfassende Untergattung der Gürtelfüße *Telamonia* beinhaltet kleine bis große Pilze mit trockenen Stielen und vorherrschend gelben bis braunen oder violettlichen Farben, die in feuchtem Zustand durchweg dunkler erscheinen. Die Bestimmung der meisten Arten erfordert sehr viel Erfahrung.

> *Ähnlich:* Der **Pelargonien-Gürtelfuß** *C. (T.) palaeaceus* riecht ebenso stark nach Pelargonien (Geranien) wie der Violettliche G., ihm fehlen jedoch die lila Farbtöne; ungenießbar.

Reifpilz, Zigeuner *Rozites caperatus* essbar

Merkmale: <u>Hut</u> etwa 5-10 cm breit, jung halbkugelig bis fast eiförmig, später flach gewölbt bis ausgebreitet, matt, gegen den Rand oft radialrunzelig und trocken eingerissen, strohgelb bis ockergelblich, besonders zur Mitte hin weißlich bis blass violettlich überzogen, wie bereift. <u>Lamellen</u> am Stiel angewachsen, unregelmäßig mit kürzeren untermischt, relativ dicht stehend, Schneiden gekerbt; jung blass gelblich, älter ockerlich. <u>Stiel</u> bis etwa 15 cm lang, 1-2 cm dick, faserig, Spitze weiß faserschuppig, abwärts blass cremebeige, mit gelblichen Fasern, mehr oder weniger häutig, fetzenartig beringt, vollfleischig bis markig hohl. <u>Fleisch</u> weißlich, in der Stielrinde blass strohfarben; Geruch unbedeutend, Geschmack mild.
Speisewert: Essbar; der R. gehört allerdings zu den Pilzarten, die stark mit radioaktivem Cäsium und mit Schwermetallen belastet sind.
Vorkommen: Mykorrhizapilz, überwiegend in Nadelwäldern auf sauren Böden, bisweilen auch in Laubwäldern unter Buchen, oft zwischen Heidelbeeren, einzeln bis gesellig wachsend. In M. EU weit verbreitet. VIII-X. **RL**

Wissenswertes: Verwechslungen sind unter Umständen mit einigen größeren Arten von Risspilzen (⇨S.118) möglich.
In der Gattung der Reifpilze *Rozites* sind auf der Nordhalbkugel nur 2-3 Arten beschrieben, auf der Südhalbkugel sind es mehr. Die Gattung steht den Schleierlingen sehr nahe und wird von diesen im Wesentlichen aufgrund des häutigen Partialvelums (Ring) und des Universalvelums (hier der Hut reifartig überzogen) unterschieden.

An den ockergelben Farben, den oft welligen Lamellen und dem beringten Stiel ist der Reifpilz gut zu erkennen.

Sprödblättler
Täublinge, Milchlinge

Die in der Familie der Sprödblättler *Russulales* zusammengefassten Täublinge und Milchlinge unterscheiden sich von den Lamellenpilzen (⇨ S.56) durch ihre brüchigen Fruchtkörper mit den meist spröden Lamellen, was durch den kugeligen Bau ihrer Zellen bedingt ist.

Die Täublinge (⇨ S.134-141), zu denen rund 200 meist fleischige Arten ohne milchige Ausscheidungen zählen, können unscheinbar oder auch lebhaft gefärbt sein, ihre Huthaut ist mehr oder weniger leicht abziehbar, die dicklichen Lamellen sind am Stiel angewachsen. Das Sporenpulver ist weiß, cremefarben oder ocker- bis dottergelb.

Die etwa 100 Arten von Milchlingen (⇨ S.142-151) scheiden dagegen einen molkeartigen Saft aus, der weiß, orange oder rot gefärbt sein kann und sich beim Eintrocknen bisweilen verfärbt.

Alle Arten dieser beiden Gattungen sind Mykorrhizapilze und leben mit Bäumen in Symbiose. Die genaue Bestimmung ist oftmals ziemlich schwierig und ohne mikroskopische Untersuchungen unmöglich. Viele Arten schmecken bitter bis sehr scharf. Nicht nur für den Speisepilzsammler können hier winzige Kostproben hilfreich sein, um einen Pilz zu identifizieren.

Gewöhnlicher Speitäubling

Gewöhnlicher Weißtäubling *Russula delica* **bedingt essbar**

Merkmale: <u>Hut</u> bis zu 15 cm breit, jung gewölbt, bald flach bis trichterig niedergedrückt, kalkweiß, älter hell lederbräunlich, bisweilen rostbraun fleckig, meist durch Erdpartikel verschmutzt, trocken. <u>Lamellen</u> am Stiel angewachsen, spröde, mäßig gedrängt stehend, mit kürzeren Lamelletten untermischt, weißlich, bisweilen mit bläulichen Tönen, Schneiden trocken etwas blaugrün verfärbend. <u>Stiel</u> relativ kurz, bis etwa 5 cm lang, 1-3 cm dick, weiß, mitunter etwas bräunend. <u>Fleisch</u> fast hart, brüchig, weiß; Geruch beim jungen Pilz fruchtig, beim älteren eher fischartig, Geschmack mild, manchmal aber auch etwas scharf, besonders in den Lamellen. <u>Sporenpulver</u> weiß.

Speisewert: Wegen des bisweilen scharfen, eher unangenehmen Geschmacks nur bedingt essbar.

Vorkommen: Mykorrhizapilz in Laubwäldern, seltener in Nadelwäldern, auf Kalkböden, gern unter Buchen und Eichen an humusarmen, wärmebegünstigten Stellen, einzeln bis gesellig wachsend. In M.-EU weit verbreitet. VIII-X.

Ähnlich: Der **Schmalblättrige Weißtäubling** *R. chloroides* ist makroskopisch nicht immer leicht vom Gewöhnlichen Weißtäubling zu unterscheiden. Seine Lamellen stehen enger, sind dünner und zeigen einen schwach grünlich blauen Ton, ebenso ein schmaler Streifen an der Stielspitze. Die Art scheint Standorte auf sauren Böden zu bevorzugen; **bedingt essbar**. Ein häufiger Pilz ist der **Dickblättrige Schwärztäubling** *R. nigricans* (Bild unten). Seine Lamellen und sein sehr hartes Fleisch röten sich und werden dann schwarz; **ungenießbar**.

Frauentäubling *Russula cyanoxantha* **essbar**

Merkmale: <u>Hut</u> bis zu 15 cm breit, jung gewölbt, bald flach oder trichterig niedergedrückt, glatt, bei Feuchtigkeit etwas schmierig, meist verschiedenfarbig (blau- und grünlila, grauviolett), Huthaut weit abziehbar, darunter violettlich. <u>Lamellen</u> am Stiel angewachsen, mäßig gedrängt stehend, weich, biegsam (!), weißlich. <u>Stiel</u> bis etwa 7 cm lang, 1-2 cm dick, zylindrisch, weiß, manchmal lila überhaucht. <u>Fleisch</u> weiß; Geruch unbedeutend, Geschmack mild. <u>Sporenpulver</u> weiß.

Speisewert: Guter Speisepilz.

Vorkommen: Mykorrhizapilz vor allem in Laubwäldern, besonders unter Buchen und Eichen, auf fast allen Bodentypen vorkommend. In M.-EU weit verbreitet. VIII-X.

Wissenswertes: Der F. gehört zu den wenigen Täublingen mit welchen, anschmiegsamen Lamellen. Zur Probe streicht man mit den Fingerspitzen darüber. Brechen die Lamellen mandelsplitterartig ab, könnte es sich um den seltenen **Grauvioletten Reiftäubling** *R. grisea* handeln. Diese Art kann ähnliche Hutfarben aufweisen, hat jedoch hell ockergelbliche, spröde Lamellen und

ebenso gefärbtes Sporenpulver. Gleichfalls splitternde Lamellen weist der **Papageitäubling** *R. ionochlora* auf, eine häufige Art kalkarmer, sandiger Laubwälder. Er ist kleiner als der F. und hat blass cremefarbenes Sporenpulver. Beide Arten sind **essbar**. Der **Grasgrüne Täubling** *R. aeruginea* besitzt oft scharf schmeckende, weiche, gelbliche Lamellen. Sein Hut ist einfarbig oliv- bis grasgrün und bei Feuchtigkeit auffallend glänzend, das Sporenpulver cremefarben; **bedingt essbar**.

Verwandt: Der **Speisetäubling** *R. vesca* ist weit verbreitet, meidet aber reine Kalkböden. Seine Lamellen sind reinweiß, weich und oft rostfleckig, das Sporenpulver ist weiß; **essbar**.

Ockertäubling *Russula ochroleuca* bedingt essbar

Merkmale: <u>Hut</u> bis etwa 10 cm breit, jung gewölbt, bald flacher und trichterig niedergedrückt, kahl, glatt, bei Feuchtigkeit glänzend; ockergelb bis ockerbräunlich, manchmal mit olivgrünem Hauch; Huthaut abziehbar. <u>Lamellen</u> am Stiel angewachsen, mäßig gedrängt stehend, weißlich bis cremefarben, bisweilen mit gelbgrünlichem Schimmer, Schneiden im Alter rostbraun fleckend. <u>Stiel</u> bis etwa 7 cm lang und 1,5 cm dick, zylindrisch, glatt bis runzelig, weiß bis ockerlich, im Alter mitunter grauend. <u>Fleisch</u> brüchig, weiß bis leicht grau; Geruch etwas obstartig, Geschmack mild bis unangenehm scharf. <u>Sporenpulver</u> weiß.
Speisewert: Wegen des nicht immer angenehmen Geschmacks nur bedingt essbar.
Vorkommen: Mykorrhizapilz, vor allem in oberflächlich versauerten Nadelwäldern, einzeln bis gesellig wachsend. In M.-EU weit verbreitet, örtlich massenhaft auftretend. VII-XI.
Wissenswertes: Diese Art gehört zu den häufigsten Täublingen und wird von unkritischen Speisepilzsuchern durchaus gesammelt – trotz seines nicht sehr angenehmen Geschmacks.

Ähnlich: Der **Gallentäubling** *R. fellea*, der einen mehr ockerbraunen, in der Mitte oft leicht fuchsroten Hut mit hellerem Rand sowie blass ockergelbliche Lamellen hat, wächst gern unter Buchen. Sein Sporenpulver ist weiß, er schmeckt sehr scharf; **ungenießbar**.
Der **Gewöhnliche Stinktäubling** *R. foetens* (Bild unten) ist wegen seines ekelhaften, tranig-ranzigen Geruchs und dem scharfen Geschmack ebenfalls **ungenießbar**.

Gewöhnlicher Speitäubling *Russula emetica* var. *emetica* giftig

Merkmale: <u>Hut</u> bis etwa 10 cm breit, jung stark gewölbt, bald flacher, oft trichterig niedergedrückt, glatt, Rand älter kurz gerieft, feucht etwas schmierig, glänzend, hell blut- bis kirschrot, auch rosa, Huthaut weit abziehbar, darunter weiß. <u>Lamellen</u> am Stiel angewachsen, mäßig gedrängt stehend, dünn, etwas biegsam, weiß. <u>Stiel</u> etwa 7 cm lang, 1-1,5 cm dick, zylindrisch, schwammig locker, wie ausgestopft, mitunter runzelig, weiß, selten rötlich überhaucht. <u>Fleisch</u> brüchig, weiß; Geruch obstartig, Geschmack brennend scharf. <u>Sporenpulver</u> weiß.
Speisewert: Der Verzehr dieses Pilzes kann Unverträglichkeitsreaktionen wie Brechreiz bzw. Magen- und Darmbeschwerden hervorrufen.
Wenn auch manche Täublinge und Milchlinge durch ausreichendes Wässern, Braten oder Kochen genießbar werden, so ist doch dringend anzuraten, sämtliche in rohem Zustand bitter oder scharf schmeckenden Arten zu meiden.
Vorkommen: Mykorrhizapilz in Nadelwäldern, unter Fichten, auf nassen, sauren und moorigen Böden, oft zwischen Torfmoosen. In M.-EU weit verbreitet. Andere Varietäten der Art auch in trockeneren Nadel- und Laubwäldern. VII-XI.
Wissenswertes: Vom G.S. sind einige Varietäten beschrieben, die sich hauptsächlich durch verschiedene Standortansprüche unterscheiden, so der **Birkenspeitäubling** *R. emetica* var. *betularum*, eine sehr zarte Art mit hellerem Hut, sowie der **Kiefernspeitäubling** *R. emetica* var. *silvestris*, eine häufige Art in Kiefernwäldern auf Sandböden.

Verwandt: Der **Blutrote Täubling** *R. sanguinea* wächst vorwiegend unter Kiefern auf kalkarmen und sauren Böden. Er schmeckt bitter bis ziemlich scharf; sein Sporenpulver ist blass ockerfarben getönt; **giftig**.

Zitronenblättriger Täubling
Russula sardonia   **giftig**

Merkmale: Hut bis 10 cm breit, glatt, feucht etwas schmierig, glänzend, violett bis purpurrot, bisweilen grünlich oder gelblich, Mitte oft fast schwarz. Lamellen am Stiel angewachsen, blassgelb, älter zitronengelb, jung stark tränend. Stiel bis 6 cm lang, 1-1,5 cm dick, hutfarben, auch rosaviolett. Fleisch hart, gelblich; Geruch obstartig, Geschmack brennend scharf. Sporenpulver hell ockerfarben.

Speisewert: Giftig (⇨Gew. Speitäubling, S.136).

Vorkommen: Mykorrhizapilz in kalkfreien, sauren Nadelwäldern, vor allem unter Kiefern auf sandigen Böden. In M.-EU weit verbreitet. IX-X.

Goldtäubling
Russula aurea   **essbar**

Merkmale: Hut bis 10 cm breit, glatt, feucht etwas schmierig, glänzend bis matt samtwarzig, lebhaft rot bis chrom- oder goldgelb, oft gefleckt. Lamellen am Stiel angewachsen, jung blass, älter meist buttergelb, Schneiden chromgelb. Stiel bis 7 cm lang, 1,5-2 cm dick, oft runzelig, weiß, chromgelb überhaucht. Fleisch weiß; Geruch unbedeutend, Geschmack mild. Sporenpulver goldgelb.

Speisewert: Guter Speisepilz.

Vorkommen: Mykorrhizapilz in Laub- und Nadelwäldern auf Kalk. In M.-EU weit verbreitet, in der norddeutschen Ebene selten. VII-IX. **RL**

Gelber Graustieltäubling
Russula claroflava   **essbar**

Merkmale: Hut bis 12 cm breit, glatt, feucht etwas schmierig, glänzend, einfarbig grüngelblich bis chromgelb. Lamellen am Stiel angewachsen, jung blass, dann cremegelblich, älter grauend. Stiel bis 8 cm, 1-2 cm, weiß, alt und auf Druck grauend. Fleisch leicht grauend; Geruch unbedeutend, Geschmack mild. Sporenpulver ockerfarben.

Speisewert: Essbar.

Vorkommen: Mykorrhizapilz der Birke auf sauren, zumeist moorigen Böden, gern im Torfmoos. In M.-EU weit verbreitet. VII-X. **RL**

Wissenswertes: An seinem grauenden Fleisch vom Ockertäubling (⇨S.136) zu unterscheiden.

Roter Heringstäubling
Russula erythropoda   **essbar**

Merkmale: Hut bis 12 cm breit, glatt, feucht schmierig, glänzend, wein- bis purpurrot, Mitte oft dunkler, fast schwarz. Lamellen angewachsen, jung cremefarben, älter ockergelb. Stiel bis 9 cm lang, 1,5-2,5 cm dick, weiß, purpurrot überhaucht. Fleisch weiß, bräunend; Geruch älter heringsartig, Geschmack mild. Sporenpulver satt ockerfarben.

Speisewert: Essbar.

Vorkommen: Mykorrhizapilz, unter Fichten und Kiefern. In M.-EU weit verbreitet. VII-X.

Wissenswertes: Die 9 Arten von Heringstäublingen lassen sich nicht leicht unterscheiden. Alle weisen im Alter einen typischen Heringsgeruch auf.

Wieseltäubling *Russula mustelina*   **essbar**

Merkmale: Hut bis etwa 10 (12) cm breit, kompakt, jung fast halbkugelig, bald flacher gewölbt, Mitte manchmal niedergedrückt, glatt, feucht speckig glänzend, trocken matt, hasel- bis dunkelbraun, oft fleckig. Lamellen am Stiel angewachsen, eher gedrängt stehend, cremefarben mit ockergelblichem Schein, bräunlich fleckend. Stiel bis etwa 5 (10) cm lang, 1-3 cm dick, eher gedrungen, weiß, bräunlich überhaucht. Fleisch fest, im Stiel oft kammerartig hohl, weiß, im Schnitt etwas bräunend; Geruch schwach, bei älteren Pilzen bisweilen leicht heringsartig, Geschmack mild, nussartig. Sporenpulver cremefarben.

Speisewert: Fester, kaum madiger, ergiebiger und wohlschmeckender Speisepilz.

Vorkommen: Mykorrhizapilz in eher montanen Nadelwäldern, meist unter Fichten, auf nährstoff- und kalkarmen Böden. Im Bayerischen Wald und Schwarzwald häufiger, nach N hin selten. VIII-X.

Wissenswertes: Die Fruchtkörper des W. sind oft nur schwer zu entdecken, da sie teilweise unter Erde und Nadeln stecken.

Ähnlich: Besonders junge Exemplare können an Fichtensteinpilze (⇨S.28) erinnern. Entfernt ähnlich ist der **Braune Ledertäubling** *R. integra*, der in montanen Nadelwäldern vorkommt. Sein Hut ist größer und mehr olivbraun, die spröden Lamellen sind ockerbräunlich gefärbt, das Sporenpulver ist gelb; **essbar**.

Rotstieliger Ledertäubling *Russula olivacea* **essbar**

Merkmale: Hut bis etwa 15 (20) cm breit, jung fast halbkugelig, bald flach gewölbt, Mitte oft niedergedrückt, trocken matt, Randbereich oft konzentrisch gerunzelt, wellig gezeichnet, mehrfarbig, fleckig, schwach weinrot bis purpurbraun, mit olivgelblichen Tönen, manchmal etwas bereift. Lamellen am Stiel angewachsen, jung mäßig gedrängt, später weiter auseinander stehend, am Grund queraderig, breit, brüchig, zunächst cremefarben, bald gelb bis ockerfarben, Schneiden vom Rand her rötlich. Stiel bis etwa 10 cm lang und 1,5-3 (5) cm dick, zylindrisch, glatt, weiß, meist rötlich überhaucht. Fleisch brüchig, hart, weißlich, im Alter etwas bräunend; Geruch unbedeutend, Geschmack mild. Sporenpulver gelb.
Speisewert: Essbar, allerdings wird von Vergiftungen nach dem Verzehr roher Pilze berichtet.
Vorkommen: Mykorrhizapilz in Laub- und Nadelwäldern, auf Kalkböden, einzeln bis gesellig wachsend. In M.-EU weit verbreitet, im norddeutschen Flachland selten. VII-XI.

Wissenswertes: Die Lederstiel-Täublinge umfassen etwa 14 Arten, welche durch ockergelbe bis lederfarbene Lamellen und eine satt ocker- bis dottergelbe Sporenpulverfarbe gekennzeichnet sind. Der **Weißstielige Ledertäubling** *R. romellii* ist weinrot bis purpurrot gefärbt und am Hutrand kammartig gerieft. Er wächst in Laubwäldern auf Kalk; **essbar**. RL (Brauner Ledertäubling ⇨ S.138).

Für den Rotstieligen Ledertäubling ist der rosa bis rot überhauchte Stiel ein gutes Erkennungsmerkmal.

Weinroter Dottertäubling *Russula decipiens* **ungenießbar**

Merkmale: Hut bis etwa 8 (10) cm breit, flach gewölbt, Mitte oft niedergedrückt, Rand nach unten gebogenen, etwas gerieft, glatt, trocken glänzend, weinrot, dunkelrot, Mitte oft blass ockergelblich gefärbt. Lamellen sehr spröde, am Stiel etwas ausgebuchtet angewachsen, mäßig gedrängt stehend, dem Stiel zu teilweise gegabelt, hell bis kräftig ockergelb, Schneiden vom Rand her rosa getönt. Stiel relativ kurz, bis etwa 5 cm lang und 1-2 cm dick, zylindrisch, glatt, weiß, zur Basis zu meist rötlich überhaucht. Fleisch weichbrüchig, im Stielinneren watteartig, weiß, bisweilen sich etwas grau verfärbend; Geruch schwach fruchtig, Geschmack nur kurz mild, dann mehr oder weniger scharf, Lamellen mäßig brennend. Sporenpulver satt ockergelb.
Speisewert: Ungenießbar.
Vorkommen: Mykorrhizapilz in wärmebegünstigten Laubwäldern, besonders unter Eichen, Buchen und Edelkastanien, auf frischen, sauren bis schwach kalkhaltigen Böden, einzeln bis gesellig wachsend. Nördlich der Alpen sehr selten, im Mittelmeerraum häufig. VIII-XI. RL

Ähnlich: Leicht mit dem W.D. zu verwechseln ist der größere **Purpurfleckige Täubling** *R. vinosopurpurea* mit purpurrotem bis -braunem Hut, schmutzig weißem, abwärts bräunendem Stiel und erträglich scharfem Fleisch. Er wächst gern auf lehmigen Böden unter Laubbäumen. Sein Sporenpulver ist lebhaft gelb. RL Der **Kurzstielige Ledertäubling** *R. curtipes* besitzt mildes Fleisch mit leichtem Fischgeruch und ockergelbes Sporenpulver. Der **Gefleckte Täubling** *R. maculata* (Bild unten), der ebenfalls unter Laubbäumen wächst, hat einen rostfleckigen Hut, mildes bis scharfes Fleisch und gelbes Sporenpulver. Alle sind **ungenießbar**.

Wolliger Milchling *Lactarius vellereus* ungenießbar

Merkmale: Hut bis etwa 30 cm breit, gewölbt mit nach innen gebogenem Rand, bald tief trichterig, unregelmäßig verbogen, oft mit Erdpartikeln behaftet, kalk- bis cremeweiß, trocken, wollig-filzig, besonders die Randzone flaumig bereift. Lamellen am Stiel angewachsen, jung mäßig gedrängt erscheinend, älter ziemlich entfernt stehend, untermischt, am Grund manchmal queraderig verbunden, schmal, weiß, älter blass ockergelb, brüchig und reichlich milchige Tröpfchen ausscheidend. Stiel relativ kurz, bis etwa 6 cm lang und 1,5-4 (6) cm dick, weiß, fein flaumig, blass bräunlich fleckend. Fleisch fest, weiß; Geruch unbedeutend, Geschmack brennend scharf; Milch reichlich, weiß, mild.
Speisewert: Ungenießbar. (Siehe dazu beim Gewöhnlichen Speitäubling, S.136 unten.)
Vorkommen: Mykorrhizapilz in Laubwäldern, unter Eichen und Buchen, seltener in reinen Nadelwäldern, einzeln bis gesellig wachsend. In M.-EU weit verbreitet, sehr häufig. VIII-XI.

Wissenswertes: Die Pfeffermilchlinge, zu denen der W.M. gehört, bilden innerhalb der Milchlinge eine gut kenntliche Gruppe mit 4 Arten.

> *Ähnlich:* Der **Scharfe Wollmilchling** *L. bertillonii* sieht dem W.M. sehr ähnlich, seine weiße Milch schmeckt sehr scharf und verfärbt sich mit Kalilauge gelblich. Beim **Grünenden Pfeffermilchling** *L. glaucescens (=L. pargamenus)* stehen die Lamellen sehr eng und die weiße Milch verfärbt sich langsam graugrün. Der **Langstielige Pfeffermilchling** *L. piperatus* (Bild unten) hat eng stehende, cremerosa Lamellen und nicht verfärbende Milch. Alle ungenießbar.

Birkenmilchling, Birkenreizker *Lactarius torminosus* ungenießbar

Merkmale: Hut bis etwa 12 cm breit, gewölbt mit eingerolltem Rand, bei älteren Exemplaren trichterförmig niedergedrückt, mit gekräuselten, zottigen Haaren bedeckt, Randzone flaumig behängt, fleischrosa, dunkler konzentrisch gezont. Lamellen am Stiel angewachsen, eng stehend, mit kürzeren untermischt, nahe am Stiel oft gegabelt, weiß, älter blassrosa, reichlich milchige Tröpfchen ausscheidend. Stiel bis etwa 7 cm lang und 1-3 cm dick, glatt, bisweilen etwas grubig, hohl, karminrosa. Fleisch weiß, im Hut rosa; Geruch etwas fruchtig, Geschmack nach wenigen Sekunden scharf, Milch sofort brennend scharf.
Speisewert: Ungenießbar. (Siehe dazu beim Gewöhnlichen Speitäubling, S.136.)
Vorkommen: Mykorrhizapilz der Birke, auf sauren, sandigen, lehmigen Böden, auch an trockeneren Standorten, einzeln bis gesellig wachsend. In M.-EU weit verbreitet, häufig. VIII-X.
Wissenswertes: Der Birkenmilchling wird fälschlicherweise auch oft Birkenreizker genannt, Pilze aus der Gruppe der echten Reizker (⇨ S.150) scheiden jedoch eine rötliche Flüssigkeit aus.

Aufgrund seiner fleischrosafarbenen, konzentrischen Hutoberfläche lässt sich der B. gut erkennen. In der neueren Literatur ist zusätzlich ein **Orangefarbener Birkenmilchling** *L. torminosulus* beschrieben, der mehr ockerorange Farben aufweist und etwas weniger haarig-zottig ist. Er wächst meist unter Zwerg-Birken und ist bisher nur aus N-EU bekannt.

> *Ähnlich:* Der **Flaumige Milchling** *L. pubescens* besitzt einen nur schwach gezonten, weißlich gefärbten Hut und wächst unter Birken an trockenen Standorten, das Fleisch und die Milch schmecken sehr scharf; ungenießbar.

Braunfleckender Milchling *Lactarius fluens* ungenießbar

Merkmale: <u>Hut</u> bis etwa 10 cm breit, zunächst gewölbt, später flach tellerförmig vertieft, Randsaum schmal eingebogen; uneben, unregelmäßig gebogen, wenig schmierig, eher matt; olivbraun bis grüngrau, gezont, mit hellem, weißlichem Rand. <u>Lamellen</u> am Stiel angewachsen, weich, dicht stehend, mit zahlreichen Zwischenlamellen, schmal, cremefarben, rotbräunlich fleckend und reichlich milchige Tröpfchen ausscheidend. <u>Stiel</u> bis etwa 7 cm lang, zumeist jedoch kürzer, 1,5-2,5 cm dick, vollfleischig, fest, trocken, kahl, blasser als der Hut gefärbt. <u>Fleisch</u> fest, weiß; Geruch unbedeutend, Geschmack erst mild, dann langsam bitter und leicht scharf; Milch reichlich, mild, weiß, sich langsam grauoliv verfärbend.
Speisewert: Ungenießbar. (Siehe dazu beim Gewöhnlichen Speitäubling, S.136.)
Vorkommen: Mykorrhizapilz in Laubwäldern, unter Buchen, auf feuchten, kalkhaltigen Böden, einzeln bis gesellig wachsend. In M.-EU weit verbreitet, aber nirgends häufig vorkommend. VIII-X.

Ähnlich: Der seltene **Hainbuchenmilchling** *L. circellatus* ist heller gefärbt, weniger gezont, schmierig, seine Lamellen sind zart rosa, sein Fleisch schmeckt scharf, seine Milch verfärbt sich langsam gelb und später olivgrünlich. Er wächst auf schweren, nährstoffreichen Böden unter Hainbuchen; ungenießbar.
Der **Graugrüne Milchling** *L. blennius* (Bild unten) unterscheidet sich durch den stärker schleimigen, olivgrünen Hut, einen hohlen Stiel und weiße Lamellen; ungenießbar.

Pechschwarzer Milchling *Lactarius picinus* ungenießbar

Merkmale: <u>Hut</u> bis etwa 10 cm breit, gewölbt, später flacher bis etwas vertieft, bisweilen auch schwach stumpf gebuckelt, Rand oft etwas wellig; matt bis feinsamtig, pechschwarz bis schwarzbraun oder dunkel braunoliv. <u>Lamellen</u> am Stiel angewachsen, dicht stehend, mit Zwischenlamellen, bisweilen gegabelt, schmal, zunächst weiß, dann cremefarben mit rosa Schein, zum dunklen Stiel kontrastierend, milchige Tröpfchen ausscheidend, die sich langsam lachsfarben verfärben. <u>Stiel</u> bis etwa 7 cm lang, 1-2 cm dick, leicht samtig, blasser als der Hut gefärbt. <u>Fleisch</u> fest, im Stiel watteartig weich, weiß, am Anschnitt besonders im Hut sich langsam rosa verfärbend; Geruch unbedeutend, Geschmack erst mild, dann allmählich bitter und unangenehm scharf; Milch scharf, weiß, sich langsam rosa verfärbend.
Speisewert: Ungenießbar. (Siehe dazu beim Gewöhnlichen Speitäubling, S.136.)
Vorkommen: Mykorrhizapilz unter Fichten und Tannen, in eher montanen Nadelwäldern, einzeln bis gesellig wachsend. In M.-EU vereinzelt vorkommend, in Süddeutschland häufiger. VIII-X.

Wissenswertes: Es gibt eine ganze Reihe unterschiedlich brauner Milchlinge, deren Bestimmung oft schwierig ist. Der **Rußfarbene Milchling** *L. fuliginosus* etwa besitzt einen mehr glatten, dunkel graubraunen, niemals schwarzbraunen Hut, seine Lamellen sind im Alter cremeockerfarben, sein Fleisch ist weißlich und von der Stielbasis her rosa anlaufend, der Geschmack mild bis schwach bitter. Der **Flügelsporige Milchling** *L. pterosporus* ist an seiner runzeligen Hutoberfläche und seinem Standort unter Buchen erkennbar. Beide Pilze sind ungenießbar.

Ähnlich: Der **Mohrenkopf-Milchling** *L. lignyotus* ist eine Art saurer, moosiger Bergnadelwälder. Seine milde, weiße Milch verfärbt sich langsam rosa; **essbar**.

Rotbrauner Milchling
Lactarius rufus   **ungenießbar**

Merkmale: <u>Hut</u> bis 10 cm breit, Mitte spitz gebuckelt, Oberfläche glatt, matt, dunkel rotbraun. <u>Lamellen</u> am Stiel angewachsen, zunächst cremefarben, später hellocker bis roströtlich, von den Sporen weiß bestäubt. <u>Stiel</u> bis zu 10 cm lang, 1-1,5 cm dick, blasser als der Hut. <u>Fleisch</u> blass bräunlich; Geruch nach harzigem Holz, Geschmack sehr scharf; Milch scharf schmeckend, weiß.
Speisewert: Ungenießbar. (Siehe dazu auch beim Gewöhnlichen Speitäubling, S.136.)
Vorkommen: Mykorrhizapilz in Nadelwäldern, auf sauren Böden. In M.-EU sehr häufig. VIII-X.

Grubiger Milchling
Lactarius scrobiculatus   **ungenießbar**

Merkmale: <u>Hut</u> bis zu 25 cm breit, meist trichterförmig, schmierig, zottig-filzig, strohgelb bis gelb, gezont. <u>Lamellen</u> am Stiel angewachsen, cremefarben, fuchsrot fleckend. <u>Stiel</u> bis zu 8 cm lang, 1,5-3,5 cm dick, blasser als der Hut, dunkler grubig, hohl. <u>Fleisch</u> gelblich; Geschmack brennend scharf; Milch scharf schmeckend, weiß, verfärbt sich rasch schwefelgelb.
Speisewert: Ungenießbar. (Siehe dazu auch beim Gewöhnlichen Speitäubling, S.136.)
Vorkommen: Mykorrhizapilz in Nadelwäldern, auf kalkhaltigen Böden. In M.-EU weit verbreitet, in Süddeutschland häufig. VIII-X.

Lilamilchling
Lactarius lilacinus   **ungenießbar**

Merkmale: <u>Hut</u> bis 8 cm breit, trocken, älter glatt bis schmierig, rosalila, manchmal dunkler gezont, im Alter verblassend. <u>Lamellen</u> am Stiel angewachsen, entfernt stehend, blassrosa, ockergelblich fleckend. <u>Stiel</u> bis 5 cm lang, 1-1,5 cm dick, wie der Hut gefärbt, hohl. <u>Fleisch</u> blassrosa; Geschmack mild bis bitter; Milch wässrig weiß.
Speisewert: Ungenießbar. (Siehe dazu auch beim Gewöhnlichen Speitäubling, S.136.)
Vorkommen: Mykorrhizapilz unter Erlen, in Bruchwäldern, an feuchten, krautigen Stellen. In M.-EU vereinzelt vorkommend, selten. VIII-X. **RL**
Ähnlich: Der **Schüppchenmilchling** *L. spinosulus* ist ähnlich, wächst aber unter Birken.

Kampfermilchling
Lactarius camphoratus   **ungenießbar**

Merkmale: <u>Hut</u> bis zu 7 cm breit, Mitte meist spitz gebuckelt; matt, dunkel rotbraun. <u>Lamellen</u> am Stiel angewachsen, orangeockerfarben, im Alter von den Sporen weiß bestäubt. <u>Stiel</u> bis zu 6 cm lang, 0,5-1 cm dick, rotbraun. <u>Fleisch</u> blass bräunlich gefärbt; Geruch beim Eintrocknen nach Liebstöckel, Geschmack mild bis leicht bitter; Milch wässrig weiß.
Speisewert: Ungenießbar. (Siehe dazu auch beim Gewöhnlichen Speitäubling, S.136.)
Vorkommen: Mykorrhizapilz in Nadel- und Laubwäldern. In M.-EU sehr häufig. VIII-X.

Goldflüssiger Milchling
Lactarius chrysorheus   **ungenießbar**

Merkmale: <u>Hut</u> bis zu 10 cm breit, feucht etwas schmierig-klebrig, lachsfarben bis orange gefärbt, manchmal gezont. <u>Lamellen</u> am Stiel angewachsen, cremefarben. <u>Stiel</u> bis zu 5 cm lang, 1-1,5 cm dick, weißlich, rosa überhaucht. <u>Fleisch</u> weiß, sich rasch gelblich verfärbend; Geschmack scharf; Milch reichlich, scharf, weiß, sich schnell schwefelgelb verfärbend.
Speisewert: Ungenießbar. (Siehe dazu auch beim Gewöhnlichen Speitäubling, S.136.)
Vorkommen: Mykorrhizapilz in wärmebegünstigten Laubwäldern, unter Eichen und Edelkastanien. In M.-EU weit verbreitet. VIII-X.

Filziger Milchling, Maggipilz
Lactarius helvus   **giftig**

Merkmale: <u>Hut</u> bis 13 cm breit, trocken, matt, filzig-feinschuppig, hellocker, oft mit rosa Tönung. <u>Lamellen</u> am Stiel angewachsen, eng stehend, blass cremerosa. <u>Stiel</u> bis 10 cm lang, 1-2 cm dick, heller als der Hut gefärbt. <u>Fleisch</u> sehr brüchig, cremefarben; Geruch stark nach Liebstöckel oder Maggiwürze, Geschmack mild; Milch wässrig.
Speisewert: Schwach giftig, soll starke Verdauungsbeschwerden hervorgerufen haben. (Siehe dazu auch beim Gewöhnlichen Speitäubling, S.136.)
Vorkommen: Mykorrhizapilz unter Fichten und Kiefern, aber auch unter Birken, auf sauren, feuchten Böden, in Torfmoos. In M.-EU weit verbreitet, gebietsweise häufig. VIII-X.

Milchbrätling, Brätling *Lactarius volemus* essbar

Merkmale: Hut bis über 10 cm breit, jung gewölbt, später flacher, bisweilen in der Mitte trichterartig vertieft, Randsaum schmal eingebogen; matt, anfangs feinsamtig, später verkahlend, glatt, oft rissig, einheitlich orangebraun gefärbt. Lamellen am Stiel angewachsen, dicht stehend, mit kürzeren Lamelletten untermischt, schmal, cremeweiß bis cremegelb, rotbräunlich fleckend und reichlich milchige Tröpfchen ausscheidend. Stiel bis etwa 10 cm lang, meist aber kürzer, 1,5-2,5 cm dick, vollfleischig, fest, trocken, kahl, blasser als der Hut gefärbt, bräunlich fleckend. Fleisch fest, weiß; Geruch heringsartig, Geschmack mild, etwas kratzend; Milch reichlich fließend, mild, weiß, sich langsam bräunlich verfärbend.

Speisewert: Guter Speisepilz, am besten nur als Einzelgericht in der Pfanne zu braten.

Vorkommen: Mykorrhizapilz in Laub- und Nadelwäldern, auf neutralen lehmigen oder schwach sauren Böden, einzeln bis gesellig wachsend. In M.-EU weit verbreitet, stark rückläufig. VIII-X. **RL**

Wissenswertes: Der M. hat in seinem Vorkommen in den letzten Jahren eine stark rückläufige Tendenz, was vermutlich auf die Schadstoffbelastungen unserer Umwelt zurückzuführen ist.

Ähnlich: In S-EU kommt der **Runzeliggezonte Milchling** *L. rugatus* vor. Seine Hutoberfläche ist stärker rotorange gefärbt und runzelig, ihm fehlt der starke Heringsgeruch; **essbar**. Der orange gefärbte **Lärchenmilchling** *L. porninsis* (Bild unten) wächst nur unter Lärchen. Seine weiße Milch schmeckt bitter und kratzt im Hals; **ungenießbar**.

Nordischer Milchling *Lactarius trivialis* ungenießbar

Merkmale: Hut bis über 15 cm breit, jung gewölbt mit eingebogenem Rand, später flacher, in der Mitte niedergedrückt, alt oft trichterförmig aufgebogen; Oberfläche glatt, bei Feuchtigkeit stets schmierig bis etwas schleimig, bei jungen Exemplaren violettlich bis stahlblau, konzentrisch gezont oder fleckig, bei Trockenheit und im Alter zunehmend hell ockerfarben ausbleichend. Lamellen am Stiel angewachsen, dicht stehend, mit kürzeren Lamelletten untermischt, beim jungen Pilz weißlich, später blass lederfarben, bisweilen durch eingetrocknete Milchtropfen graugrün gefleckt. Stiel bis etwa 12 cm lang, meist jedoch kürzer, 1-3 cm dick, oft hohl, kahl, in feuchtem Zustand schmierig, weißlich bis blass ockerfarben getönt. Fleisch brüchig, weiß; Geruch fruchtartig, Geschmack zunächst mild, dann scharf; Milch cremefarben, erst mild, später scharf schmeckend, verfärbt sich auf Papier etwas gelblich.

Speisewert: Ungenießbar. (Siehe dazu beim Gewöhnlichen Speitäubling, S.136.)

Vorkommen: Mykorrhizapilz der Birke, aber auch von Nadelbäumen wie Fichte oder Kiefer, auf sauren, moorigen Böden. In M.-EU insgesamt nur vereinzelt vorkommend, nur im N häufiger. VIII-X. **RL**

Wissenswertes: Dieser Milchling wird in O-EU auch Blaureizker genannt und dort durch Auslaugen mit Salzlake genießbar gemacht. Aus N-EU sind noch der **Bleiche Milchling** *Lactarius utilis* und ein **Zwergbirkenmilchling** *L. subcircellatus* beschrieben, die dort ebenfalls unter Birken und Fichten wachsen und dem N.M. nahe stehen.

Der Nordische Milchling verliert mit zunehmenden Alter seine typischen violettblauen Farben und bleicht stark aus, wodurch die Bestimmung schwieriger wird.

Olivbrauner Milchling *Lactarius turpis* **ungenießbar**

Merkmale: <u>Hut</u> bis 10 cm breit, jung gewölbt, meist schon mit niedergedrückter Mitte, später flacher bis trichterig vertieft, Rand nach unten gebogen; etwas filzig, ansonsten kahl, feucht besonders der Mitte zu schmierig; schmutzig olivgrünlich, bisweilen dunkler gezont. <u>Lamellen</u> am Stiel angewachsen, dicht stehend, bisweilen gegabelt, mit kürzeren Lamelletten untermischt, schmal, creme bis ockerlich, schmutzig olivlich fleckend. <u>Stiel</u> relativ kurz, bis etwa 6 cm lang, 1-2,5 cm dick, fest, kahl, blasser als der Hut gefärbt, olivbraun fleckend. <u>Fleisch</u> fest, im Stiel bisweilen hohl, weißlich; Geruch frisch, Geschmack erst mild, dann brennend scharf; Milch weiß, mild, dann brennend scharf.
Speisewert: Ungenießbar. (Siehe dazu beim Gewöhnlichen Speitäubling, S.136).
Vorkommen: Mykorrhizapilz unter Birken und Fichten, auf sauren, feuchten Böden, einzeln bis gesellig wachsend. In EU weit verbreitet und fast überall häufig. VIII-XI.

Wissenswertes: Dieser Milchling, fälschlicherweise auch Tannenreizker genannt, ist an seinen dunklen olivbraunen Farben zu erkennen. Früher war sein wissenschaftlicher Name *L. necator*, was soviel wie Töter bedeutet, aber auf eine Verwechslung mit dem Grünen Knollenblätterpilz (⇨ S.98) zurückzuführen ist. Mit anderem Namen heißt er auch *L. plumbeus*.

> *Verwandt:* Der seltene **Trockene Violettmilchling** *L. violascens*, der in Laubwäldern auf Kalkböden wächst, verfärbt sich an Druckstellen taubenblau; **ungenießbar**. **RL!**
>
>

Fichtenreizker *Lactarius deterrimus* **essbar**

Merkmale: <u>Hut</u> bis 10 cm breit, jung gewölbt mit eingebogenem Rand, später flacher und mit niedergedrückter Mitte, alt oft trichterförmig, glatt, bei Feuchtigkeit schmierig, gelbbräunlich oder hell orange- bis safranfarben, meist konzentrisch gezont, sich mehr oder weniger grünlich bis graugrünlich verfärbend oder dunkler fleckig, im Alter verblassend. <u>Lamellen</u> am Stiel angewachsen, dicht stehend, orangefarben, dunkelgrün fleckend. <u>Stiel</u> etwa 5 cm lang, 1-1,5 cm dick, bei älteren Exemplaren hohl, kahl, wie der Hut gefärbt, an der Spitze oft weinrötlich, sich grünlich verfärbend. <u>Fleisch</u> brüchig, weißlich, unter der Huthaut und in der Stielrinde orange, bei alten Pilzen grünend; Geruch fruchtartig, Geschmack mild; Milch orangerot, mild bis leicht bitter schmeckend.
Speisewert: Als Einzelgericht, am besten in der Pfanne gebraten, schmeckt der F. angenehm würzig.
Vorkommen: Mykorrhizapilz unter Fichten, besonders unter jungen Bäumen. In EU weit verbreitet und fast überall häufig. VIII-XI.
Wissenswertes: Die 7 europäischen Echten Reizker besitzen eine orange- bis weinrote Milch. Bei der Unterscheidung der einzelnen Arten ist der Mykorrhizapartner recht hilfreich.

> *Ähnlich:* Der eher graulila gefärbte **Skandinavische Reizker** *L. fennoscandicus* wächst ebenfalls unter Fichten; in Schweden und Finnland. Der sich blaugrünlich verfärbende **Kiefernreizker** *L. semisanguifluus*, der **Blutreizker** *L. sanguifluus* mit weißlich bereiftem Stiel, der **Echte Reizker** *L. deliciosus* ohne grünliche Töne, aber mit grubigem Stiel, sowie der seltene, oft blau getönte **Blaumilchreizker** *L. quieticolor* wachsen unter Kiefern. Der **Lachsreizker** *L. salmonicolor* (Bild unten) wächst unter Weißtannen auf Kalkböden. Alle sind **essbar**.
>
>

TÄUBLINGSVERWANDTE **151**

Nichtblätter- u. Gallertpilze

Die Nichtblätterpilze *Aphyllophorales* gehören mit zahlreichen Familien und Gattungen zur Klasse der
Ständerpilze (⇨ S. 8). Man kennt
weit über 1000 Arten davon.
Die Fruchtkörper sind äußerst vielgestaltig, sie können das Substrat
flächig oder krustenartig überziehen oder konsolenförmig seitlich
angesetzt sein. Andere haben
trichter- oder hutförmige, einige
deutlich gestielte, einfache, keuli-
ge oder auch mehrfach verzweigte,
korallenartige Fruchtkörper. Die
Fruchtschicht kann glattporig, stachelig, leisten- und manchmal sogar lamellenartig ausgebildet sein.
Im Allgemeinen handelt es sich um
Fäulnisbewohner (⇨ S. 7). Einige
Holz bewohnende Arten können
Bäume schwächen, manche als
Parasiten lebende Arten können
sie sogar zum Absterben bringen.
Die Gallertpilze *Heterobasidiomy-
cetes* (⇨ S.166) unterscheiden sich
von den Ständerpilzen im engeren
Sinn durch gallertartige bis weich-
knorpelige Fruchtkörper sowie
durch Mikromerkmale, z.B. längs-
oder quergeteilte Basidien.
Bei einigen Pilzen dieses Kapitels
wurde auf Größenangaben verzichtet, wo diese für die Bestimmung der Art unerheblich sind.

Zunderschwamm

Herkuleskeule *Clavariadelphus pistillaris* ungenießbar

Merkmale: <u>Fruchtkörper</u> bis 20 cm hoch, 2-5 cm dick, jung zylindrisch, später keulenförmig, Kuppe abgerundet, mehr oder weniger tief runzelig, hellgelb bis gelbbräunlich, älter ockerbraun, oft violett überhaucht, Druckstellen werden dunkel braunrötlich. <u>Fleisch</u> fest, bei älteren Exemplaren zäh bis weich, weißlich, etwas bräunend; Geruch angenehm, Geschmack meist deutlich bitter.
Speisewert: Ungenießbar.
Vorkommen: In Laubwäldern, unter Buchen, auf kalk- und lehmhaltigen bis schwach sauren Böden. In M.-EU weit verbreitet. VIII.-X. **RL**
Wissenswertes: Die 7 Arten von Keulenpilzen *Clavariadelphus* zeichnen sich durch keulenförmige, hellgelbe, gelbbraune bis braune Fruchtkörper aus. Ob sie Mykorrhizen bilden, ist noch ungeklärt. Für Speisezwecke kommen sie kaum in Betracht.
Ähnlich: Die **Abgestutzte Keule** *C. truncatus* besitzt einen ziemlich abgeflachten Scheitel und wächst im Nadelwald; bedingt essbar. **RL**

Binsen-Röhrenkeule *Macrotyphula filiformis* ungenießbar

Merkmale: <u>Fruchtkörper</u> bis 10 cm hoch, 0,1-0,2 cm dick, sehr schlank, dünnfädig, senkrecht stehend, manchmal aber auch etwas gebogen, Spitze abgerundet, blass gelblich bis ockerfarben, Basis verjüngt, feinfilzig dem Substrat aufsitzend. <u>Fleisch</u> fest, elastisch bis zäh, gelblich; Geruch und Geschmack unbedeutend.
Speisewert: Ungenießbar.
Vorkommen: In Laubwäldern, auf am Boden liegenden, faulenden Blättern und Zweigen, an feuchten Standorten, einzeln, aber meist in großer Zahl. In M.-EU weit verbreitet, aber nur vereinzelt vorkommend, wohl oft übersehen. IX.-XI.
Wissenswertes: Die Röhrenkeulen *Macrotyphula*, von denen es 2 Arten gibt, sind an den sehr schlanken, senkrecht stehenden Fruchtkörpern zu erkennen. Die B. hieß früher *M. juncea*.
Ähnlich: Die **Röhrige Keule** *M. fistulosa* wird größer, ist innen hohl und wächst auf toten, herabgefallenen Laubholzästen; ungenießbar.

Grauer Korallenpilz *Clavulina cinerea* ungenießbar

Merkmale: <u>Fruchtkörper</u> bis etwa 8 cm hoch, 3-10 cm breit, aus einem weiß-gelblichen Strunk korallenartig verzweigt, Äste senkrecht aufsteigend, mehrfach verzweigt, dicklich, rundlich bis etwas abgeflacht, Spitzen abgerundet oder gezähnt, Oberfläche runzelig, grau bis aschgrau, aber auch schmutzig gelblich und lila überhaucht, verletzt bräunlich anlaufend, Spitzen meist heller. <u>Fleisch</u> weich, zäh, weißlich, zum Rand hin schmutzig grau gefärbt; Geruch etwas muffig, dumpf, Geschmack mild.
Speisewert: Ungenießbar.
Vorkommen: In Laub-, seltener in Nadelwäldern, auf dem Erdboden, in Laubstreu, an grasigen feuchten Stellen, an vergrabenem Holz. In M.-EU weit verbreitet. VIII.-X.
Wissenswertes: In der Gattung der Korallenpilze *Clavulina* sind 4 Arten beschrieben. Es handelt sich um einfach bis mehrfach verzweigte Fruchtkörper mit knorrig-runzeligen oder furchigen, weißen, grauen bis violetten Ästen. Sie ernähren sich von totem organischem Material, d.h., sie leben saprophytisch, auf dem Boden, selten auf morschem Holz. Ihr Sporenpulver ist weißlich bis ockergelblich. Keine der Arten ist für Speisezwecke sonderlich geeignet.

Ähnlich: Die in Laub- und Nadelwald vorkommende **Runzelige Koralle** *Clavulina rugosa* wächst meist einfach, bisweilen auch an den Spitzen geweihartig verzweigt, und hat eine weiße, runzelige Oberfläche; ungenießbar.
Verwandt: Der weiße **Kammförmige Korallenpilz** *C. coralloides* (=*C. cristata*, Bild unten) besitzt kammartig verzweigte Spitzen. Er wird oft von einem parasitischen Pilz befallen und dadurch grau gefärbt; bedingt essbar.

Eichhase *Dendropolyporus umbellatus* essbar

Merkmale: <u>Fruchtkörper</u> bis ungefähr 25 cm hoch, 20-50 cm breit, halbkugelig, aus vielen, flachen Hüten bestehend. Aus einem dicken, fleischigen, weißlichen Stamm wachsen zahlreiche, bis nahezu fingerdicke Verästelungen, die jeweils in einem 1-5 cm breiten Hütchen enden (kleines Foto). Die Hutoberfläche ist feinschuppig und graubraun gefärbt. Die cremefarbene Fruchtschicht besteht aus einer dünnen Röhrenschicht und erscheint fast porig. Das <u>Fleisch</u> ist weich, fast geruchlos, der Geschmack mild.

Speisewert: Essbar. Der Fruchtkörper wird jedoch gewöhnlich von Heerscharen von Maden befallen, wodurch der ganze Pilz schnell skelettartig ausgefressen und dadurch sehr brüchig wird.

Vorkommen: In Laubwäldern, besonders unter Eichen und Buchen, auf dem Erdboden, gern in Laubstreu. In M.-EU weit verbreitet, aber nur vereinzelt vorkommend. VI-VII.

Wissenswertes: Der E., auch Ästiger Porling genannt, lässt sich mit seinen zahlreichen Hütchen unschwer erkennen. Er ist ein Erreger der Weißfäule, einer pilzlichen Holzzersetzung, und bildet im Boden ein hartes, schwarz berindetes Dauermyzel, ein sog. Sklerotium, in dem feine Saugwurzeln des Wirtsbaums mit eingebunden sind, was durchaus einer parasitischen Lebensweise entspricht. Der E. kann dadurch am gleichen Standort über viele Jahre hinweg beobachtet werden.

Dieser attraktive Pilz ist die einzige Art seiner Gattung und wird oft zu den Klapperschwämmen *Grifola* gezählt, die sich durch große, übereinander stehende, breite, fächerförmige Hüte auszeichnen. Manche Autoren stellen die Art auch zu den Porlingen *Polyporus*, die durch einstielige, nicht verzweigte Fruchtkörper gekennzeichnet sind.

Krause Glucke *Sparassis crispa* essbar

Merkmale: <u>Fruchtkörper</u> bis ungefähr 20 cm hoch, 15-40 cm breit, erinnern an einen groben Naturschwamm. Aus einem oft in der Erde steckenden, weißen Strunk entwickeln sich zahlreiche verzweigte, gekräuselte und eng verflochtene Verästelungen. Die Oberflächen sind glatt, weißrosa bis rosabräunlich gefärbt, die Ränder werden mit zunehmendem Alter braun. Das <u>Fleisch</u> ist elastisch, wachsartig, cremefarben, der Geruch angenehm und der Geschmack mild, etwas würzig.

Speisewert: Wohlschmeckender Speisepilz. In seinem Inneren verbergen sich aber oft Kleinlebewesen, auch Sand und Nadeln, die nur mit Mühe entfernt werden können.

Vorkommen: Die K.G. ist ein Wurzelparasit und Braunfäuleerreger der Kiefer, sie kann erhebliche Schäden im Kernholz des unteren Stammteils anrichten. Auch nach dem Schlagen der Kiefer vermag der Pilz noch einige Jahre um die Stümpfe herum Fruchtkörper zu bilden. Die Art ist in M.-EU weit verbreitet. Man trifft sie in älteren Kiefernbeständen des Flachlands und in Berglagen bis etwa 1000 m Höhe an. VIII-IX.

Wissenswertes: Die Gattung der Gluckenpilze *Sparassis* setzt sich lediglich aus 2 Arten zusammen. Beide sind durch die wellig krausen oder blattartig flachen Strukturen, die aus einem gemeinsamen Strunk hervorgehen, hinreichend gekennzeichnet. Die Sporen bildende Fruchtschicht entwickelt sich jeweils auf der nach innen zeigenden Seite der bandartigen Verästelungen. Beide Arten sind Wurzelparasiten und Erreger der Braunfäule des Holzes. Ihr Sporenpulver ist weiß.

Ähnlich: Die **Breitblättrige Glucke** *S. brevipes (=S. laminosa, =S. nemecii)* unterscheidet sich durch blattartige, wellige Äste von der Krausen Glucke. Sie besiedelt Laub- und Nadelbäume; **essbar**. RL

Schwefelgelbe Koralle *Ramaria flava* essbar

Merkmale: <u>Fruchtkörper</u> bis etwa 20 cm hoch, 10-20 cm breit, korallenförmig, bei jungen Exemplaren blumenkohlartig. Aus einem dicken, weißlichen, oben schwefelgelb überhauchten Strunk wachsen bogig etliche dicht stehende, mehrfach verzweigte Äste nach oben, die in 2 oder mehreren stumpfen Spitzen enden. Die Äste sind blassgelb, hellgelb, matt grünlichgelb bis zitronengelb gefärbt, mit der Sporenreife verblassen sie zunehmend und werden ockergelblich bis bräunlich, nur die Spitzen bleiben länger gelb. Das <u>Fleisch</u> ist zerbrechlich, weißlich, feucht marmoriert und in den Ästen gelblich durchgefärbt, der Geruch variabel, fast angenehm grasartig bis dumpf oder erdartig, der Geschmack mild, in den Spitzen bitter.
Speisewert: Essbar.
Vorkommen: Mykorrhizapilz in Laubwäldern, unter Buchen auf kalkhaltigen Böden, seltener in Nadelwäldern. Im norddeutschen Flachland fehlend, sonst nur vereinzelt, im Alpenvorland und in den Alpen häufiger. VIII-X. **RL**

Wissenswertes: In Nadelwäldern kommt die **Bergnadelwald-Koralle** *R. largentii* vor. Ihre Äste sind mehr orangegelb, die Spitzen zitronengelb gefärbt und sie riecht gummiartig nach Autoreifen. Nach neuerer Literatur ist die **Abgestutzte Koralle** *R. obtusissima* identisch mit der S.K.

Ähnlich: Der **Klebrige Hörnling** *Calocera viscosa*, der zu den Gallerttränenverwandten zählt, unterscheidet sich durch seine gallertige, zähe Konsistenz und den bei Feuchtigkeit klebrigen Ästen von den Korallen; bedingt essbar.

Steife Koralle *Ramaria stricta* ungenießbar

Merkmale: <u>Fruchtkörper</u> bis etwa 10 cm hoch, 5-10 cm breit. Aus einem schmächtigen, eher stielartigen Strunk wachsen korallenartig langgestreckte und parallel verzweigte Äste nach oben, die in einer oder mehreren gegabelten Spitzen enden. Spitzen zunächst gelb, Äste gelblich bis ockerfarben, später ganzer Fruchtkörper einfarbig ockerbräunlich, auf Druck schmutzig rotbräunlich verfärbend, die Basis durch dicke, weiße Myzelstränge mit dem Substrat verwachsen. <u>Fleisch</u> elastisch zäh, schmutzig hell ockerfarben; Geruch etwas dumpf oder erdartig, Geschmack bitter, bisweilen ein wenig pfefferig.
Speisewert: Ungenießbar.
Vorkommen: In Laub-, seltener in Nadelwäldern, auf herabgefallenen Buchenästen, um morsche Strünke herum, an feuchten Stellen. In M.-EU weit verbreitet und örtlich häufig. VIII-X.
Wissenswertes: Die S.K. kann mit der **Eleganten Koralle** *R. gracilis* verwechselt werden. Diese ist bisweilen in großer Zahl in moosreichen Nadelwäldern zu finden. Ihre anfangs weißen Fruchtkörper sind jedoch kleiner, sehr feinästig und be-

sitzen einen angenehmen, anisartigen Geruch. Die Korallen *Ramaria*, eine Gattung mit mehr als 50 Arten, sind korallenartig verzweigt, blassgelb, kräftig gelb, ockerfarben, rosa oder violettlich gefärbt, ihr Sporenpulver ist ockergelb. Viele Korallen sehen sich sehr ähnlich und sind ohne Studium der Mikromerkmale nicht exakt bestimmbar. Die meisten Arten schmecken bitter und sind ungenießbar bis schwach giftig.

Verwandt: Der **Stinkende Warzenpilz** *Thelephora palmata*, eine nach faulendem Kohl riechende Lederkoralle, ist in feuchten Nadelwäldern zu finden; ungenießbar.

Gestielter Schillerporling *Onnia tomentosa*   ungenießbar

Merkmale: <u>Fruchtkörper</u> in Hut und Stiel gegliedert, oft mehrere Hüte miteinander verwachsen. Einzelhüte bis etwa 10 cm breit, rund bis oval, Oberfläche höckerig wellig, undeutlich gezont, mit rostbraunem Filz überzogen, Rand bei jungen Exemplaren stumpf gerundet, später mehr oder weniger scharfkantig, heller gefärbt. <u>Poren</u> am Stiel herablaufend, scharf abgegrenzt, unregelmäßig eckig bis rundlich, hellgrau, im Alter graubraun. <u>Stiel</u> bis 5 cm lang, 0,5-2 cm dick, kurz, konisch, zentral bis exzentrisch am Hut ansetzend, uneben, runzelig, fein filzig, dunkelbraun. <u>Fleisch</u> zweischichtig, korkig, sehr zäh, gelbbraun, alt rostbraun; Geruch und Geschmack unbedeutend.
Speisewert: Ungenießbar.
Vorkommen: Der parasitische G.S. wächst in Nadelwäldern, auf dem Waldboden in Nadelstreu, wo er mit den lebenden Baumwurzeln verbunden ist; oft in großen Reihen; Erreger von Weißfäule. In M.-EU mehr in submontanen Lagen über 400 m Höhe vorkommend und dort örtlich häufig. I-XII.

Wissenswertes: Die einjährigen Fruchtkörper sind oft mit Ästchen und Wurzeln verwachsen. Sie können mit dem **Braunen Dauerporling** *Coltricia perennis* verwechselt werden. Dieser unterscheidet sich durch dünne, deutlich konzentrisch gezonte Hüte und saprophytische Lebensweise. Einige Autoren stellen die Gattung *Onnia* zu den eigentlichen Schillerporlingen (⇨unten).

Bild rechts: Junge, noch frische Fruchtkörper scheiden manchmal braunrötlich gefärbte, wässrige Tropfen aus.
Bild unten: Ausgewachsene Exemplare.

Tropfender Schillerporling *Inonotus dryadeus*   ungenießbar

Merkmale: <u>Fruchtkörper</u> bis etwa 40 cm breit, jung knollig rundlich, älter breit konsolenförmig, manchmal übereinander wachsend, Oberfläche höckerig grubig, feinfilzig überzogen, älter krustenartig verkahlend, zunächst hell orangebraun, später rötlich braun; Randzone stumpf gerundet, gelblich, frische Zuwachskanten mit rotbraunen, bernsteinfarbenen Tropfen besetzt. <u>Poren</u> sehr eng, rundlich, weißgrau, silbrig schimmernd, im Alter bräunlich. <u>Röhren</u>schicht 1-2 cm dick, rotbraun, entwickelt sich erst spät. <u>Fleisch</u> dick, zäh, undeutlich gezont, jung saftig, im Alter faserigkorkig verhärtend, rostbraun gefärbt.
Speisewert: Ungenießbar.
Vorkommen: Der T.S., ein Erreger der Weißfäule von Holz, wächst parasitisch an Stämmen von alten Eichen, sehr selten auch an Edelkastanien, in Alleen und Parks. In M.-EU weit verbreitet, aber nur vereinzelt vorkommend, einjährig. VII-IX. **RL**
Wissenswertes: An Eichen kommt auch der äußerlich sehr ähnliche **Eichen-Sch.** *I. dryophilus* vor, dessen Fleisch an der Anwachsstelle einen weißlich marmorierten Myzelkern besitzt.

Die Schillerporlinge *Inonotus*, die etwa 10 Arten umfassen, wachsen parasitisch oder saprophytisch an Laub- und Nadelhölzern. Sie bilden kleine bis große, flächenartig ausgebreitete bis konsolenförmige, auf der Oberseite kahle oder haarigfilzige, einjährige Fruchtkörper mit gelblichen oder hell- bis dunkelbraunen Farben. Die Fruchtschicht ist röhrenartig mit engen, seltener weiten Poren, die meist silbrig schimmern. Das Sporenpulver ist cremefarben oder gelbbraun bis rostbraun.

Die bernsteinfarbenen, wässrigen Ausscheidungen sind meist nur an frischen Fruchtkörpern zu sehen.

Flacher Lackporling
Ganoderma lipsiense **ungenießbar**

Merkmale: <u>Fruchtkörper</u> bis 40 cm breit, flach konsolenförmig, Oberfläche mit dünner Kruste, wellig-höckerig, hellbraun bis zimtbraun, matt, Kruste im Alter schwarz, brüchig, Zuwachskante weiß. <u>Poren</u> sehr eng, rundlich, weißlich, auf Druck bräunend, oft mit zapfenförmig hervorstehenden Insektengallen besetzt; Röhren bei mehrjährigen Fruchtkörpern mehrschichtig.
Speisewert: Ungenießbar.
Vorkommen: An Laub-, seltener an Nadelholz. In M.-EU weit verbreitet, häufig. I-XII.
Wissenswertes: Bisheriger Name: *G. applanatum.*

Birkenporling
Piptoporus betulinus **ungenießbar**

Merkmale: <u>Fruchtkörper</u> einjährig; konsolenartig, nierenförmig, meist fleischig, mit buckeliger Anwachsstelle, weißlich, graubraun, älter braun, kahl, stumpf, oft rissig. <u>Poren</u> fein, weiß; Röhrenschicht sehr kurz, weiß. <u>Fleisch</u> weich, saftig, alt zäh und leicht, weiß.
Speisewert: Ungenießbar, jung bedingt essbar.
Vorkommen: An lebenden, geschwächten Birken, an Totholz noch einige Jahre weiter wachsend. In M.-EU dicht verbreitet, häufig. VII-X.
Wissenswertes: Der seltene **Eichen-Hautporling** *P. quercinus* ist etwas ähnlich, wächst aber nur an Eichen. Beide Arten sind Braunfäuleerzeuger.

Schwefelporling
Laetiporus sulphureus **bedingt essbar**

Merkmale: <u>Fruchtkörper</u> einjährig; flach fächerförmig, oft mehrfach übereinander angeordnet, am Stamm miteinander verwachsen, orange- bis schwefelgelb. <u>Poren</u> fein, leuchtend gelb; Röhrenschicht kurz, gelb. <u>Fleisch</u> weich, saftig, im Alter trocken, mürbe und brüchig, gelb; Geruch aromatisch, Geschmack mild, älter bitter.
Speisewert: Nicht jedermanns Sache ist die Zubereitung junger Fruchtkörper des S., die man wie Wiener Schnitzel paniert.
Vorkommen: Parasitisch an Laubhölzern; Braunfäuleerzeuger. In EU weit verbreitet. V-IX.
Wissenswertes: Der Schwefelporling ist der einzige Vertreter seiner Gattung.

Glänzender Lackporling
Ganoderma lucidum **ungenießbar**

Merkmale: <u>Fruchtkörper</u> einjährig; meist lang gestielt, mit lackartig glänzender Kruste überzogen. <u>Hut</u> oval bis nierenförmig, wellig-höckerig, rotbraun, Randzone oft gelbbräunlich. <u>Poren</u> sehr fein, weißlich; Röhrenschicht dünn. <u>Stiel</u> meist einseitig angesetzt, dunkelrotbraun.
Speisewert: Ungenießbar.
Vorkommen: Vor allem im Wurzelbereich von Eichen. In M.-EU weit verbreitet. I-XII.
Wissenswertes: Lackporlinge *Ganoderma*, etwa 8 Arten, tragen eine dünne Lack- oder Harzkruste; Parasiten und Saprophyten, Weißfäuleerzeuger.

Echter Zunderschwamm
Fomes fomentarius **ungenießbar**

Merkmale: <u>Fruchtkörper</u> mehrjährig; konsolenförmig, dick polsterig, hellbraun mit wellenförmigen Bändern, älter grau, frische Zuwachskante weißlich. <u>Poren</u> fein, weißgrau, auf Druck fleckend, älter bräunlich; Röhren mehrschichtig. <u>Fleisch</u> korkig zähfaserig, bräunlich gezont.
Speisewert: Ungenießbar.
Vorkommen: Parasitisch an Laubhölzern, vor allem an Buche, Weißfäuleerzeuger. In M.-EU dicht verbreitet, häufig. I-XII.
Wissenswertes: Der auch an Laubholz wachsende **Graue Feuerschwamm** *Phellinus igniarius* ist holzig, hart, schwer, grau verkrustet, mit braunen Poren.

Gewöhnl. Wurzelschwamm
Heterobasidion annosum **ungenießbar**

Merkmale: <u>Fruchtkörper</u> mehrjährig; flächig oder konsolenartig, flach, breit angewachsen, Oberseite wellig, wulstig, kahl bis filzig, konzentrisch gezont, rot- bis graubraun, Zuwachskante rundwulstig, weiß. <u>Poren</u> fein, weiß; Röhren geschichtet, holzfarben, oft am Substrat herablaufend. <u>Fleisch</u> elastisch zäh, im Alter hart, weißlich.
Speisewert: Ungenießbar.
Vorkommen: Parasitisch und saprophytisch in Nadelwäldern, besonders im Wurzelbereich von Fichten, selten auch an Laubholz; Weißfäuleerzeuger. In EU weit verbreitet, sehr häufig. I-XII.
Wissenswertes: Die Fruchtkörper des G.W. sind oft von Algen und Moos überwachsen.

Angebrannter Rauchporling
Bjerkandera adusta   **ungenießbar**

Merkmale: <u>Fruchtkörper</u> flächig (Bild oben) bis konsolenartig. Einzelhüte dünnfleischig, etwas filzig, bräunlich, Zuwachskante weiß. <u>Poren</u> fein, rauch- bis aschgrau, bei Berührung schwärzend; Röhrenschicht sehr kurz, aschgrau.
Speisewert: Ungenießbar.
Vorkommen: An totem Laubholz, gern an Buche; Weißfäuleerzeuger. In EU dicht verbreitet. I-XII.
Wissenswertes: Der **Graugelbe Rauchporling** *B. fumosa* ist etwas fleischiger, hat mehr graugelbe Poren und Röhren und wächst bevorzugt an toten oder geschädigten Weiden, Pappeln und Ahornen.

Schmetterlingstramete
Trametes versicolor   **ungenießbar**

Merkmale: <u>Fruchtkörper</u> meist flach konsolenartig; Hüte dünnfleischig, ledrig-zäh, wellig, mehrfarbig gezont (Bild unten), Kante scharf, jung weiß, fein striegelig, älter kahl. <u>Poren</u> fein, weißlich bis cremegelb; Röhrenschicht kurz, weiß.
Speisewert: Ungenießbar.
Vorkommen: Vorwiegend an totem Laub-, seltener an Nadelholz, meist dachziegelartig angeordnet; Weißfäuleerzeuger. In EU dicht verbreitet. I-XII.
Wissenswertes: Die 9 Arten von Trameten sind ein- bis mehrjährig, die Einzelhüte glatt oder behaart, oft gezont, die Unterseite meist porig, weißlich.

Rotrandiger Baumschwamm
Fomitopsis pinicola   **ungenießbar**

Merkmale: <u>Fruchtkörper</u> mehrjährig, 20 (40) cm breit, polster- bis konsolenförmig, bisweilen unförmig verwachsen, mehr oder weniger breitflächig am Stamm angewachsen, Oberseite höckerig-runzelig, hartkrustig, klebrig glänzend, mehrfarbig gezont, bei jungen Exemplaren orangegelb bis rotbraun, Zuwachskante weißgelblich, manchmal mit wässrigen Tröpfchen besetzt, bei älteren Kruste schwärzlich grau. <u>Poren</u> sehr eng, rundlich, blassgelb; Röhren deutlich geschichtet. <u>Fleisch</u> korkartig zäh, undeutlich gezont; Geruch würzig.
Speisewert: Ungenießbar.
Vorkommen: An geschwächten oder toten, liegenden Nadelbäumen, vor allem an Fichten, aber auch an Laubbäumen wie Buchen, Birken und Erlen; Braunfäuleerzeuger. In EU weit verbreitet und sehr häufig. I-XII.
Wissenswertes: Alte, graue Fruchtkörper sind manchmal vom Echten Zunderschwamm (➪S.162) schwer zu unterscheiden. Hier hilft die Zündprobe: Die Kruste des R.B. schmilzt, die des Zunderschwamms glimmt.

Eichenwirrling
Daedalea quercina   **ungenießbar**

Merkmale: <u>Fruchtkörper</u> ein- bis mehrjährig, bis etwa 25 (40) cm breit, konsolenförmig übereinander, bisweilen flach, halbrund bis fast kreisförmig auf Baumscheiben aufsitzend. Oberseite uneben höckerig-runzelig, konzentrisch wellig gezont, hellbraun, im Alter mehr graubraun, Zuwachskante scharf, weißlich. <u>Unterseite</u> grob lamellenartig, an ein Labyrinth erinnernd, blassbeige. <u>Fleisch</u> korkig, zäh, hellbraun, schwach gezont.
Speisewert: Ungenießbar.
Vorkommen: Saprophytisch an totem Laubholz, besonders von Eiche und Edelkastanie, aber auch als Wundparasit; Braunfäuleerzeuger. In EU weit verbreitet und häufig. I-XII.
Wissenswertes: Die Gattung *Daedalea* ist in EU mit nur 1 Art vertreten und durch die dicke, labyrinthartige Unterseite und den Standort an Eiche gut kenntlich. Die **Rötende Tramete** *Daedaleopsis confragosa* bildet kleinere, konsolenförmige, rötende Fruchtkörper mit einer langgezogen porigen bis lamellenartigen Fruchtschicht. Sie ist ein Weißfäuleerzeuger meist an Weide, Erle und Buche.

Holunder-Judasohr
Hirneola auricula-judae   **essbar**

Merkmale: <u>Fruchtkörper</u> gallertartig, knorpelig, muschel- oder ohrförmig, schüsselartig, gelappt und verdreht, fein flaumig, rot- oder olivbraun, älter mit violettgrauen Tönen; Innenseite glatt, glänzend, oft etwas geadert, die Fruchtschicht tragend. <u>Fleisch</u> gelatinös, wabbelig, oft madig.
Speisewert: Essbar.
Vorkommen: Vor allem an Holunder, seltener an anderen Laubhölzern. In EU weit verbreitet und sehr häufig; witterungsabhängig I-XII.
Wissenswertes: In der Literatur wird das H. auch unter den Ohrlappenpilzen *Auricularia* geführt.

Fleischroter Gallerttrichter
Tremiscus helvelloides   **bedingt essbar**

Merkmale: <u>Fruchtkörper</u> gallertartig, zäh bis knorpelig, tüten- oder trompetenförmig, einseitig eingeschnitten, Rand nach außen gebogen, Basis stielartig verschmälert; glatt, bei Feuchtigkeit glänzend, trocken matt; orangerot; Fruchtschicht matt, fein samtig, etwas heller gefärbt. <u>Fleisch</u> weich gallertartig, wabbelig; Geschmack irgendwie kühl, etwas zusammenziehend.
Speisewert: Bedingt essbar.
Vorkommen: Saprophytisch auf kalkhaltigen Böden, an morschem, vergrabenem Holz, gern an Wegrändern. In M.-EU in Lagen über 350 m Höhe verbreitet, häufiger im Gebirge; VII-X.

Rotbrauner Zitterling
Tremella foliacea   **ungenießbar**

Merkmale: <u>Fruchtkörper</u> gallertartig, zäh, büschelig, dicht gedrängt zusammenstehend, blattartig wellig verbogen, gelappt, in feuchtem Zustand sehr glitschig; glänzend, gelbbraun bis zimtbraun, Oberfläche mit der Fruchtschicht glatt. <u>Fleisch</u> weich, gallertartig, wabbelig.
Speisewert: Ungenießbar.
Vorkommen: Saprophytisch auf toten Laubholzästen, besonders in regenreichen Perioden. In EU weit verbreitet, aber insgesamt nicht häufig; I-XII, besonders im Herbst.
Wissenswertes: Unerfahrene Pilzsammler können diesen Zitterling mit Judasohren (⇨oben) verwechseln, die jedoch an Holunder vorkommen.

Gallertiger Zitterling
Pseudohydnum gelatinosum   **bedingt essbar**

Merkmale: <u>Fruchtkörper</u> gallertartig, muschel-, konsolen- bis zungenförmig, fein körnig-samtig, matt, milchweiß, bisweilen auch braun mit violetten Tönen; Fruchtschicht dicht mit 2-4 mm langen, zugespitzten Stacheln besetzt, weiß. <u>Fleisch</u> gelatinös, wabbelig und wässrig.
Speisewert: Bedingt essbar.
Vorkommen: Saprophytisch, meist büschelig gedrängt an morschem, feuchtem Nadelholz. In EU weit verbreitet und örtlich häufig; VII-XI.
Wissenswertes: Gallertpilze sind eine Unterklasse der Ständerpilze (⇨S.8).

Goldgelber Zitterling
Tremella mesenterica   **ungenießbar**

Merkmale: <u>Fruchtkörper</u> gallertartig, zäh, dicht zusammenstehend, faltig gelappt oder hirnartig gewunden, aber auch polsterförmig, bei Feuchtigkeit sehr glitschig; glänzend, gelb bis orangegelb; Oberfläche mit der Fruchtschicht glatt. <u>Fleisch</u> weich, gallertartig, wabbelig.
Speisewert: Ungenießbar.
Vorkommen: Saprophytisch auf toten Laubholzästen, in feuchten Perioden. In EU weit verbreitet; I-XII, besonders aber im Frühjahr und Herbst.
Wissenswertes: Die etwa 7 Arten von Zitterlingen *Tremella*, lauter Weißfäuleerreger, haben eine gelatinöse Konsistenz und trocknen hornartig ein.

Becherförmiger Drüsling
Exidia glandulosa   **ungenießbar**

Merkmale: <u>Fruchtkörper</u> gallertartig, weich, gehirnartig gewunden, lappig aufgewölbt, meist flächenartig zusammenfließend, Oberfläche drüsenartig, warzig, feucht glänzend, flach krustenartig eintrocknend, graubraun bis tiefschwarz.
Speisewert: Ungenießbar.
Vorkommen: Saprophytisch auf totem Laubholz, besonders von Buche. In EU dicht verbreitet, sehr häufig; I-XII, besonders im Winterhalbjahr.
Wissenswertes: Der **Abgestutzte Drüsling** *E. truncata* bildet kreiselförmige Einzelfruchtkörper mit flachem Scheitel. Die gallertartigen Drüslinge *Exidia*, etwa 12 Arten, tragen eine drüsenartig warzige Fruchtschicht und trocknen krustenartig ein.

Bauchpilze

Die Bauchpilze, lateinisch *Gastero-myceten* genannt, bilden eine artenreiche, uneinheitliche Gruppe der Ständerpilze (⇨ S. 8) mit einem außerordentlich vielgestaltigen Erscheinungsbild. Über 200 europäische Arten sind beschrieben. Gemeinsames Merkmal ist die Ausbildung der Sporen im Inneren der Fruchtkörper als gallertartige, schleimige oder pulverige Fruchtmasse, die Gleba. Bei der Stinkmorchel und den Gitterlingen sorgen Insekten für die Verbreitung der in die stinkende Gleba eingebetteten Sporen. Bei den Stäublingen, Bovisten und Erdsternen öffnet sich oder zerfällt die äußere Hülle (Peridie) bei der Reife und die Sporen können durch den Wind fortgetragen werden. Die Bauchpilze leben von toter organischer Substanz, also saprophytisch, bei wenigen Arten ist eine Mykorrhiza (⇨ S. 7) nachgewiesen. Sie wachsen oberirdisch (epigäisch) oder unterirdisch (hypogäisch).

Auf den folgenden Seiten werden nur einige wenige, bekanntere oberirdisch wachsende Arten vorgestellt. Die weitaus meisten Arten kommen als Speisepilze nicht in Betracht. Von den Bovisten und Stäublingen können unreife, also im Inneren noch weiße Fruchtkörper gegessen werden.

Flaschenstäubling

Gewöhnliche Stinkmorchel
Phallus impudicus   **ungenießbar**

Merkmale: <u>Hut</u> 3-5 cm breit, glockenförmig, mit durchbohrter Mitte, Rand frei, mit einer olivgrünen, stinkenden Fruchtmasse (Gleba) überzogen, die von Insekten abgeleckt wird; unter dieser Schicht eine weiße, wabenartige Struktur erkennbar, die an eine Morchel (⇨S.176) erinnert. <u>Stiel</u> 10-20 cm hoch, weiß, hohl, Basis in einem gallertartigen, weiß umhüllten »Ei« steckend.

Speisewert: Ungenießbar. Eine Unsitte ist es, die im Boden eingesenkten ei-ähnlichen Gebilde, auch Hexeneier genannt, auszugraben, durchzuschneiden und den inneren, weißen Kern roh zu essen. Die phallusartige Form des Pilzes regt die Phantasie an, sein Genuss hat aber keinerlei potenzsteigernde Wirkung.

Vorkommen: In humusreichen Nadel- und Laubwäldern. In M.-EU weit verbreitet, häufig. V-XI.

Ähnlich: Mehr rundköpfig ist die **Dünenstinkmorchel** *P. hadriani* mit einem zuerst weißen, später an der Luft rosa bis lila gefärbten Ei.

Tintenfischpilz
Clathrus archeri   **ungenießbar**

Merkmale: Die <u>Fruchtkörper</u> entwickeln sich im Boden in einem gallertartigen »Ei«, ähnlich wie bei der Stinkmorchel. In einem weiteren Entwicklungsstadium platzt dieses Ei auf und es entfalten sich mehr oder weniger sternförmig 4-6 orangerötliche Arme. Diese sind porös, brüchig und mit einer olivbraunen, aasartig stinkenden Schleimschicht, in der die Sporen eingebettet sind, bedeckt. Wie bei der Stinkmorchel wird diese Schicht von Insekten abgeleckt, die damit für die Vermehrung und Ausbreitung des Pilzes sorgen.

Speisewert: Ungenießbar.

Vorkommen: In und außerhalb von Wäldern, auf leicht sauren Böden, gern an wärmebegünstigten Stellen, oft gesellig wachsend. In EU weit verbreitet und örtlich häufig. VII-X.

Wissenswertes: Der in Australien heimische und nach EU eingeschleppte, blumenartige Pilz wurde um 1914 erstmals in den Vogesen entdeckt und breitet sich seitdem über ganz EU aus.

Roter Gitterling *Clathrus ruber*   **ungenießbar**

Merkmale: <u>Fruchtkörper</u> 5-15 cm breit, sich im Boden in einem gallertartigen Ei entwickelnd, ähnlich der Stinkmorchel und dem Tintenfischpilz. Im Lauf der weiteren Entwicklung platzt diese Hülle auf und es schiebt sich ein kugelförmiges, gitterartiges, weitmaschiges Gebilde nach außen. Die Gitterstäbe sind porös, brüchig, auf der Außenseite blass orangerot, innen kräftiger rot gefärbt und mit einer olivbraunen, aasartig stinkenden, zähen Schleimschicht, der Gleba, bedeckt. In dem Schleim sind die Sporen des Pilzes eingebettet. Ebenso wie bei der Gewöhnlichen Stinkmorchel und dem Tintenfischpilz wird diese Schicht von Insekten abgeleckt. Die Kerbtiere, insbesondere Fliegen, sorgen auf diese Weise für die Vermehrung und Ausbreitung dieser Pilzarten.

Speisewert: Ungenießbar.

Vorkommen: Saprophytisch in und außerhalb von Wäldern, gern an wärmebegünstigten Stellen, einzeln bis gesellig wachsend. Nördlich der Alpen nur sporadisch, bisweilen auch in Gewächshäusern vorkommend, südlich der Alpen und im Mittelmeerraum häufig. IV-XI.

Wissenswertes: Bei diesem attraktiven Pilz könnten höchstens aufgrund von Farbe und Geruch Verwechslungen mit dem Tintenfischpilz vorkommen. Jeder naturverbundene Sammler und Fotograf wird dies bizarre Gebilde bewundern und nicht zerstören.

Die Gattung der Gitterlinge *Clathrus* umfasst in EU nur 2 Arten, wobei der Tintenfischpilz früher in die Gattung *Anthurus* gestellt wurde. Ihre Fruchtkörper entwickeln sich in einer eiartigen Hülle.

Die gitterartige Struktur dieses filigranen Pilzes kann bereits an der Eihülle , am »Hexenei«, erahnt werden.

Birnenstäubling

Lycoperdon pyriforme   **essbar**

Merkmale: <u>Fruchtkörper</u> birnenförmig, mehr oder weniger buckelig, feinkörnig, rau, weiß, im Alter bräunlich, an der Basis dicke, weiße Myzelstränge (Bild) sichtbar. <u>Fruchtmasse</u> weich, weiß, bei der Reife olivbräunlich, zu Pulver zerfallend; Geruch unangenehm.
Speisewert: Essbar, solange innen weiß.
Vorkommen: An Laub- und Nadelholz, auf Holzhäckseln; oft dichtgedrängt; sehr häufig. VII.-XI.

Flaschenstäubling

Lycoperdon perlatum   **essbar**

Merkmale: <u>Fruchtkörper</u> an eine umgedrehte dickbauchige Flasche erinnernd, Oberfläche mit kleinen, spitzen, abwischbaren Warzen überzogen, weiß, älter graubraun, netzartig gemustert. <u>Fruchtmasse</u> weich, jung weiß, in der Reife zu braunem Pulver zerfallend; Geruch angenehm.
Speisewert: Essbar, solange innen weiß.
Vorkommen: In Laub- und Nadelwäldern, oft büschelig. In EU weit verbreitet, häufig. VII.-XI.
Wissenswertes: Bei den über 15 Arten von Stäublingen *Lycoperdon* werden die Sporen im Kopfteil des Fruchtkörpers gebildet, der Stielteil ist steril.

Dickschaliger Kartoffelbovist

Scleroderma citrinum   **giftig**

Merkmale: <u>Fruchtkörper</u> knollenförmig, mit zusammengezogener, fast stielloser Basis, grobschuppig, felderig-rissig, zitronengelb, älter bräunlich, dickschalig, zäh. <u>Fruchtmasse</u> weiß mit violettlichem Ton, später schwarzviolett, fein weiß marmoriert, in der Reife pulverig zerfallend.
Speisewert: Leicht giftig.
Vorkommen: Mykorrhizapilz im Laub- und Nadelwald, unter Birken und Kiefern auf sauren, sandigen Böden. In EU weit verbreitet, häufig. VII.-XI.
Wissenswertes: Hartboviste *Scleroderma*, etwa 8 Arten, sind knollenförmig, innen schiefergrau bis schwarz und brechen bei der Reife oben auf.

Riesenbovist

Langermannia gigantea   **essbar**

Merkmale: <u>Fruchtkörper</u> bis zu 1m groß und 25 kg schwer, fast kugelförmig, weißlich, im Alter gelbbräunlich, eierschalenartig aufbrechend. <u>Fruchtmasse</u> weiß, olivbraun wattig-pulverig zerfallend.
Speisewert: Schmeckt gut in Scheiben gebraten.
Vorkommen: In lichten Wäldern und Wiesen, auf stickstoffreichen Böden, relativ häufig. VII.-X.
Ähnlich: Der **Hasenbovist** *Calvatia utriformis* (kleines Bild) bevorzugt trockene Standorte.

Rötender Erdstern

Geastrum rufescens   **ungenießbar**

Merkmale: Die <u>Fruchtkörper</u> entwickeln sich kugelförmig in der Erde. Später reißt die fleischige, auf der Innenseite rosabräunliche Außenhülle oben auf, biegt sich sternförmig nach unten und der kugelige, häutige graubraune Sporenbehälter wird sichtbar.
Speisewert: Ungenießbar, wie alle Erdsterne.
Vorkommen: Meist in Nadelwäldern. In EU weit verbreitet und örtlich häufig. VIII.-X.
Ähnlich: Kleiner als der R.E. ist der **Gewimperte Erdstern** *G. sessile* (kleines Bild oben).

Igelstäubling

Lycoperdon echinatum   **ungenießbar**

Merkmale: <u>Fruchtkörper</u> oval-kugelförmig, hellbräunlich, dicht mit pyramidenförmigen, zusammengesetzten, bis 5 mm lange Stacheln besetzt. Wenn diese später abfallen, erkennt man ein netzartiges Muster. <u>Fruchtmasse</u> jung weiß, später olivbraun, reif dunkelbraun pulverig zerfallend.
Speisewert: Ungenießbar, jung bedingt essbar.
Vorkommen: Besonders in Laubwäldern, gern in Laubstreu, unter Buchen, auf Kalkböden. In EU weit verbreitet, örtlich häufig. VII.-XI.
Ähnlich: Der **Braune Stäubling** *L. umbrinum* besitzt nur dünne, bis zu 1 mm hohe Stacheln, der Sporenbehälter ist papierartig mit kleiner zentraler Öffnung; unter Fichten, auf sauren Böden.

Schlauchpilze u. Schleimpilze

Schlauchpilze, wissenschaftlich *Ascomyceten* genannt, bilden eine eigene Klasse, mit über 2000 Arten allein in Europa. Ihre Fruchtkörper wachsen oberirdisch (epigäisch) wie beispielsweise bei den Morcheln (⇨ S.176), andere wiederum unterirdisch (hypogäisch) wie bei den Trüffeln (⇨ S.184). Viele lassen sich an den becherförmigen oder kammerartigen Fruchtkörpern erkennen. Das wichtigste Unterscheidungsmerkmal gegenüber den Ständerpilzen ist aber nur mikroskopisch erkennbar: die Sporen bildenden Organe, die so genannten Schläuche oder Asci (⇨ S.8). Sie überziehen als Fruchtschicht die Innenseite der Becherlinge, die Außenseiten der Morcheln, Lorcheln und Holzkeulen. Bei den Trüffeln befinden sie sich im Inneren der Knollen. Viele Schlauchpilze sind winzig klein, andere messen viele Zentimeter. Die meisten leben saprophytisch von toter organischer Substanz, manche aber auch parasitsch, wieder andere bilden eine Mykorrhiza (⇨ S.7).

Die Schleimpilze, lateinisch *Myxomycetes*, stellen eine völlig andere Organismengruppe dar. Nur die beiden bekanntesten Arten sind hier beschrieben (⇨ S.184 unten).

Kelchbecherling

Speisemorchel
Morchella esculenta **essbar**

Merkmale: Fruchtkörper in Hut und Stiel gegliedert, bis zu 20 cm hoch. Hut rundlich oval, unregelmäßig wabenartig gekammert, ockergelb, Stege oft rostfleckig. Stiel weiß, abwärts oft angeschwollen und etwas runzelig, kleiig, innen hohl. Fleisch brüchig.
Speisewert: Guter Speisepilz, sowohl zur Frischverwertung als auch zum Trocknen geeignet.
Vorkommen: Gern in Auwäldern unter Eschen, an grasbewachsenen und krautreichen Stellen. In M.-EU weit verbreitet, relativ häufig. IV-V.
Wissenswertes: Von dieser Morchel sind einige Varietäten beschrieben, die teilweise auch als eigenständige Arten aufgefasst werden. So ist z.B. die meist kleinere **Braune Speisemorchel** *M. esculenta* var. *umbrina* (kleines Bild oben) dunkel rotbraun gefärbt und besitzt hellere Rippen; **essbar**.

Spitzmorchel
Morchella conica **essbar**

Merkmale: Fruchtkörper in Hut und Stiel gegliedert, bis zu 20 (35) cm hoch, Hut kegelförmig, länglich oval, manchmal auch rundlich, Scheitel spitz bis abgerundet, wabenartig gekammert, Rippen stumpf, senkrecht durchlaufend, mit Stegen waagrecht verbunden, am unteren Rand mit dem Stiel verwachsen, jung hell graubräunlich, später olivbraun bis schwarz. Stiel weißkleiig, nach unten zu oft angeschwollen und etwas runzelig, innen hohl. Fleisch brüchig, fast geruchlos.
Speisewert: Guter Speisepilz, zur Frischverwertung oder zum Trocknen geeignet.
Vorkommen: Gern in Fichtenwäldern auf Kalk, an Wegrändern und Holzlagerplätzen, auf Rindenmulch. In M.-EU weit verbreitet, relativ häufig. IV-V.
Wissenswertes: Die 4 essbaren Morchelarten sind an ihrer wabenartigen Struktur gut zu erkennen. Bei der in krautigen Auwäldern wachsenden **Käppchenmorchel** *M. gigas* (=*M. semilibera*) ist der Hutrand nicht mit dem Stiel verwachsen.

Frühjahrslorchel *Gyromitra esculenta* giftig!

Merkmale: Fruchtkörper in Hut und Stiel gegliedert, bis etwa 15 cm hoch. Hut bis 15 cm breit, unregelmäßig, gehirnartig gewunden, jung und in feuchtem Zustand wachsartig, hellbraun bis rotbräunlich, älter braunschwarz. Stiel weiß, etwas kleiig, abwärts oft angeschwollen und etwas runzelig, innen hohl. Fleisch brüchig, fast geruchlos.
Speisewert: Stark giftig! Die F. enthält Gyromitrin, ein wasserlösliches und flüchtiges Leber- und Nierengift. Die Vergiftungen ähneln einer Knollenblätterpilz-Vergiftung mit zweiphasigem Verlauf: 6-12 Stunden nach dem Verzehr des Pilzes treten u.a. starkes Erbrechen, Bauch- und Kopfschmerzen, Mattigkeit, Erregungszustände und Krämpfe ein. In schweren Fällen kommt es danach in einer zweiten Phase zu gravierenden Leber- und Nierenschädigungen.
Besonders schwere Vergiftungen mit diesem Pilz, früher auch Speiselorchel genannt, treten auf, wenn er roh oder in ungenügend gekochtem Zustand verzehrt wurde. Aber immer wieder wird dieser Pilz gegessen, was sicherlich einer Art von »Russischem Roulett« gleichkommt.

Vorkommen: In Nadelwäldern, besonders unter Kiefern auf sandigen Böden, um Baumstrünke herum. In EU weit verbreitet, örtlich häufig; III-V.
Wissenswertes: In der Gattung *Gyromitra* sind etwa 13 Arten beschrieben, die durch meist gehirnartig gewundene Hüte gekennzeichnet sind.

Ähnlich: Die **Bischofsmütze** *Gyromitra infula* besitzt einen ein- bis mehrzipfeligen Hut mit nur wellig gerunzelter Oberfläche. Ihr Speisewert ist umstritten.
Die **Riesenlorchel** *G. gigas* (Bild unten) ist in Laub- und Nadelwäldern, gern auf morschem Holz, zu finden; **giftverdächtig**. III-VI. **RL**

Morchelbecherling *Disciotis venosa* essbar

Merkmale: <u>Fruchtkörper</u> bis etwa 15 cm breit, jung tief schüsselförmig, mit eingebogenem Rand, aber bald schon flach tellerförmig ausgebreitet mit unregelmäßig aufgebogenem, welligem Rand; Oberfläche glatt, typisch aderig durchzogen, besonders zur Mitte faltig-rippig, jung hellbraun, mit olivem Ton, später dunkelbraun, alt braunschwarz; Außenseite in der Mitte stielartig zusammengezogen, fein kleiig, hell wachsbräunlich, trocken fast weiß. <u>Fleisch</u> brüchig; Geruch stechend, chlorartig.

Speisewert: Essbar, wird von Kennern geschätzt.

Vorkommen: Auf feuchten, lehmigen oder tonigen Böden, besonders in Auwäldern, an krautigen Wegböschungen, in Gärten unter Obstbäumen und Hecken. In EU weit verbreitet und örtlich häufig; IV-VI. **RL**

Wissenswertes: Dieser Morchelbecherling ist aufgrund seiner krampfadernartigen Oberfläche (weshalb er auch Aderiger Becherling genannt wird) gut kenntlich, im Zweifelsfall dient der auffallende Chlorgeruch als gutes Bestimmungsmerkmal. Die Gattung mit nur 2 Arten steht in der engsten Verwandtschaft zu den Morcheln. Die andere Art, *Disciotis maturescens,* wird nur bis etwa 4 cm groß und ist purpurbraun gefärbt. Sie ist in EU nur von wenigen Standorten bekannt.

> *Ähnlich:* Die **Scheibenlorchel** *Gyromitra ancilis (=Discina perlata),* eine relativ häufige Art der Fichten- und Kiefernwälder, wächst an morschem Holz, auf Stümpfen und auf Wurzelstöcken; IV-VI; **bedingt essbar**.

Herbstlorchel *Helvella crispa* bedingt essbar

Merkmale: <u>Fruchtkörper</u> bis etwa 15 cm hoch, in Hut und Stiel gegliedert. <u>Hut</u> aus mehreren unregelmäßig geformten Lappen bestehend, die meist sattelartig nach unten hängen; Oberfläche, d.h. Fruchtschicht glatt, matt, weißlich ocker, grauweiß, Ränder bisweilen bräunlich; Unterseite fein flaumig, weißlich. <u>Stiel</u> tief längsrippig und quer verbunden, oft gedreht, weißlich. <u>Fleisch</u> besonders der Hutlappen brüchig; Geruch unbedeutend, Geschmack mild.

Speisewert: Bedingt essbar. Der Speisewert für beide der hier dargestellten Lorcheln wird in der Literatur unterschiedlich angegeben, mal als giftverdächtig, dann wieder als essbar. Sicherlich gilt auch hier: Die Pilze nicht roh oder ungenügend gekocht essen (s.a. Frühjahrslorchel ⇨S.176)!

Vorkommen: In Laubwäldern, gern an grasigen Wegrändern und -böschungen sowie in der Laubstreu, in Parkanlagen und Gärten unter Hecken. In EU weit verbreitet und örtlich häufig. X-XI.

Wissenswertes: In der Lorchelgattung *Helvella* sind über 40 Arten beschrieben. Die Fruchtkörper sind hier extrem formenreich und variieren je nach den äußeren Bedingungen stark. Es gibt Arten mit tellerförmigen Hüten und langen, behaarten Stielen, aber auch rippig kurzgestielte, becherförmige Fruchtkörper oder solche mit sattelartigem, milchkaffeefarbenem Hut und glattem, weißem Stiel wie die **Elastische Lorchel** *H. elastica.* Alle diese Arten sind keine Speisepilze.

> *Ähnlich:* Die dunkle **Grubenlorchel** *H. lacunosa* wächst an ähnlichen Standorten wie die Herbstlorchel. Verwechslungen sind hier unter Umständen mit glattstieligen, verwandten Arten möglich; **bedingt essbar**.

Zinnoberroter Kelchbecherling
Sarcoscypha austriaca **ungenießbar**

Merkmale: <u>Fruchtkörper</u> tief becher- bis schüssel-förmig, später flacher, mehr oder weniger lang ge-stielt. <u>Fruchtschicht</u> leuchtend zinnoberrot, matt bis etwas glänzend; Außenseite weißlich rosa, in trockenem Zustand weiß, etwas flockig-körnig.
Speisewert: Ungenießbar, kein Speisepilz.
Vorkommen: In Flussauen, auf am Boden liegen-den Laubholzästchen, meist von Erlen, einzeln bis gesellig. In M.-EU verbreitet, aber selten. I-V. **RL**
Wissenswertes: 2 weitere Arten von Kelchbecher-lingen sind äußerst ähnlich und nur aufgrund ihrer Ökologie sowie mikroskopisch zu unterscheiden.

Leuchtender Prachtbecherling
Caloscypha fulgens **ungenießbar**

Merkmale: <u>Fruchtkörper</u> tief becher- bis schüssel-förmig, später flacher, kurz gestielt. <u>Fruchtschicht</u> matt, leuchtend gelb bis gelborange, älter grün-lich fleckig; Außenseite blass ockerfarben, bei Trockenheit schmutzig weißlich, etwas raukörnig.
Speisewert: Ungenießbar, kein Speisepilz.
Vorkommen: Meist in montanen Nadelwäldern auf Kalkböden, einzeln bis gesellig, zwischen Moosen. In M.-EU verbreitet, aber selten. IV-V. **RL**
Wissenswertes: Der L.P. ist der einzige Vertreter seiner Gattung. Vermutlich handelt es sich um einen Mykorrhizapilz von Tannen und Fichten.

Violetter Brandbecherling
Peziza moseri **ungenießbar**

Merkmale: <u>Fruchtkörper</u> mehr oder weniger tief becherförmig, Basis kaum gestielt. <u>Fruchtschicht</u>, d.h. Oberseite helllila bis grauviolett oder violett-braun; Außenseite heller gefärbt, Randsaum meist abgestumpft gezähnelt, fein kleiig.
Speisewert: Ungenießbar, kein Speisepilz.
Vorkommen: Auf Brandstellen in Nadelwäldern. In EU vereinzelt vorkommend. IV-VI und IX-X.
Wissenswertes: Die über 60 Arten der Gattung *Peziza* sind meist ungestielt, becherförmig und braun gefärbt, manchmal violett. Viele Arten sind nur mikroskopisch bestimmbar. Der V.B. hieß frü-her mit lateinischem Namen *Peziza violacea*.

Kurzstieliger Holzbecherling
Peziza micropus **ungenießbar**

Merkmale: <u>Fruchtkörper</u> jung tief schüsselförmig, bisweilen einseitig faltig, älter manchmal flach, Basis kurz gestielt, Rand oft grob abgestumpft ge-zähnelt. <u>Fruchtschicht</u> weißlich ockerfarben bis ockerbraun; Außenseite heller, fein kleiig.
Speisewert: Ungenießbar, kein Speisepilz.
Vorkommen: Auf faulendem Laubholz, in hohlen Baumstämmen, auf Holzabfällen, besonders von Buche. In EU weit verbreitet, relativ häufig. V-VI.
Wissenswertes: Dieser Becherling ist sehr varia-bel und nur schwer von nahe stehenden Arten zu trennen. Der **Buchenwald-Becherling** *P. arvernen-sis* ist größer und wächst auf dem Waldboden.

Gewöhnl. Orangebecherling
Aleuria aurantia **essbar**

Merkmale: <u>Fruchtkörper</u> jung schüsselförmig, oft aufgebogen oval, älter flacher, verbogen, Rand dünn, bisweilen eingerissen, stiellos dem Sub-strat aufsitzend. <u>Fruchtschicht</u> bei Feuchtigkeit glänzend, gelborange bis leuchtend rotorange; Außenseite heller, feinkörnig. <u>Fleisch</u> brüchig.
Speisewert: Essbar, aber minderwertig.
Vorkommen: Meist gesellig oder in dichten Grup-pen auf steinigen, sandigen Wegen, nackter Erde oder an krautigen Stellen. In EU weit verbreitet, relativ häufig. VI-X.
Wissenswertes: Die 3 Arten der Gattung *Aleuria* unterscheiden sich von den ähnlichen Borstlingen *Melastizia* durch nicht behaarte Ränder u. Kanten.

Gewöhnl. Kohlenbecherling
Geopyxis carbonaria **ungenießbar**

Merkmale: <u>Fruchtkörper</u> tief kelchförmig, meist mit einem dünnen, im Substrat eingesenkten Stiel. <u>Fruchtschicht</u> matt, sehr variabel: orange-bräunlich oder milchkaffeebraun bis dunkelbraun, Rand weiß gezähnelt; Außenseite gleichfarbig.
Speisewert: Ungenießbar, kein Speisepilz.
Vorkommen: Besonders im Fichtenwald, meist gesellig auf vorjährigen Brandstellen. In EU weit verbreitet, relativ häufig. V-IX.
Wissenswertes: Erd- oder Kohlenbecherlinge *Geopyxis* mit etwa 4 Arten sind im Wesentlichen an tief kelchförmigen, gestielten Fruchtkörpern zu erkennen. Der **Stinkende K.** *G. foetida* riecht Ekel erregend und wächst an kiesigen Stellen.

Eselsohr
Otidea onotica **essbar**

Merkmale: <u>Fruchtkörper</u> bis 10 cm hoch, einseitig geschlitzt, bisweilen ohrförmig, kurz gestielt, Rand oft eingebogen; Basis kurz, zusammengezogen, weißfilzig. <u>Fruchtschicht</u> glatt, kräftig gelborange gefärbt; Außenseite heller getönt.
Speisewert: Essbar; aber minderwertig.
Vorkommen: In der Laubstreu wärmebegünstigter Laubwälder, oft in dichten Gruppen. In EU weit verbreitet, aber nicht häufig. VIII-X. RL
Wissenswertes: Die etwa 25 Arten von Öhrlingen *Otidea* sind immer einseitig eingeschnitten, gelb bis bräunlich und teilweise schwer bestimmbar.

Grüngelbes Gallertkäppchen
Leotia lubrica **giftig**

Merkmale: <u>Fruchtkörper</u> fest gallertartig, in Hut und Stiel gegliedert. <u>Fruchtschicht</u> unregelmäßig rundlich, abgeflacht, uneben-buckelig, Rand stark nach unten eingerollt, schmierig-schlüpfrig, gelb, grünlichgelb oder olivbraun. <u>Stiel</u> breit in den Hut übergehend, körnig-rau, gelblich.
Speisewert: Giftig! (vgl. Frühjahrslorchel ⇨ S.176)
Vorkommen: Auf feuchten, grasigen, moosigen Stellen, gern auf lehmigen Böden. In EU weit verbreitet und häufig. VIII-X.
Wissenswertes: Das G.G., der einzige Vertreter seiner Gattung, wird bisweilen von einem Virus befallen und verfärbt sich dadurch grünschwarz.

Gewöhnliche Holzkeule
Xylaria hypoxylon **ungenießbar**

Merkmale: <u>Fruchtkörper</u> langgezogen bis geweihartig verzweigt (kleines Bild links), flachgedrückt, selten rundlich, biegsam zäh; Oberfläche warzig rau, durch ungeschlechtliche Sporen dicht grauweißlich bepudert, nach unten zu steril, schwarz gefärbt.
Speisewert: Ungenießbar.
Vorkommen: Meist auf totem Laubholz; gesellig. In EU weit verbreitet, sehr häufig. I-XII.
Wissenswertes: Es gibt 7 Arten von Holzkeulen, alle fingerförmig, außen schwarz, innen weiß, holzig.

Violetter Kronenbecherling
Sarcosphaera coronaria **giftig!**

Merkmale: <u>Fruchtkörper</u> jung kugelförmig geschlossen, hohl, dann kronenförmig aufbrechend, älter bisweilen flach. <u>Fruchtschicht</u> violett bis violettbraun; Außenseite heller bis weißlich, feinfilzig. <u>Fleisch</u> wachsartig brüchig.
Speisewert: Giftig! (vgl. Frühjahrslorchel ⇨ S.176)
Vorkommen: In Nadelwäldern, in Nadelstreu, auf Kalkböden, seltener in Laubwäldern. In EU weit verbreitet, aber nicht häufig. V-VII. RL
Wissenswertes: Durch seinen kräftigen Wuchs und die violetten Farben ist der V.K. kaum zu verwechseln. Früher hieß er *S. crassa*.

Puppen-Kernkeule
Cordyceps militaris **ungenießbar**

Merkmale: <u>Fruchtkörper</u> 2-5 cm hoch, 0,4-0,8 cm dick, schmal zungenförmig bis keulig, gestielt, oft gebogen. <u>Fruchtlager</u> orangegelb bis ziegelrötlich gefärbt, körnig rau erscheinend.
Speisewert: Ungenießbar.
Vorkommen: Wächst aus Schmetterlingspuppen, die in Erde oder morschem Holz stecken, einzeln bis gesellig. In EU weit verbreitet, selten. IX-X.
Wissenswertes: Die 10 Arten der Gattung *Cordyceps* leben von Insekten und deren Larven oder parasitieren auf anderen Pilzen, so z.B. die schwarze **Zungen-Kernkeule** *C. ophioglossoides*, die in Fichtenwäldern auf Hirschtrüffeln wächst.

Rötliche Kohlenbeere
Hypoxylon fragiforme **ungenießbar**

Merkmale: <u>Fruchtkörper</u> 0,4-1,0 cm breit, halbkugelig, rundlich, anfangs ziegelrötlich bis rotbraun, dann braun bis schwarz, warzig rau, innen ähnlich gefärbt wie außen, von kohliger Konsistenz.
Speisewert: Ungenießbar.
Vorkommen: Gesellig auf toten, meist berindeten Laubholzästen, besonders von Buche. In EU weit verbreitet und sehr häufig. I-XII.
Wissenswertes: Die Oberflächen der Holzkeulen und Kohlenbeeren sind mit winzigen Fruchtlagern besetzt, die sie warzig rau erscheinen lassen. In diesen warzigen Gebilden befinden sich unzählige Schläuche mit den Sporen. Letztere entweichen durch eine kanalartige Öffnung.

Sommertrüffel *Tuber aestivum* essbar

Merkmale: <u>Fruchtkörper</u> bis etwa 10 cm groß, unregelmäßig kugelig oder knollig, Oberfläche dicht mit 5- bis 6-eckigen, pyramidenförmigen Warzen bedeckt, dunkelbraun bis schwarzbraun; innen ockerbräunlich, von weißen Adern durchzogen, marmoriert, im Alter dunkler. <u>Geruch</u> bei jungen Exemplaren kaum wahrnehmbar, bei älteren zunehmend aromatisch, oft als unangenehm stechend empfunden; Geschmack mild, etwas nussartig.
Speisewert: Essbar; mittelmäßiger Speisepilz.
Vorkommen: Mykorrhizapilz von Laubbäumen, vorzugsweise unter Eichen, Buchen, Hainbuchen und Haselnuss, unterirdisch (hypogäisch) wachsend, besonders auf Kalkböden in wärmebegünstigten Lagen, in lichten Laubwäldern, aber auch in parkähnlichen Gärten. In EU weit verbreitet, nördlich der Alpen sehr selten und nur vereinzelt vorkommend. IX-XII. **RL!**
Wissenswertes: Die S. gehört zu den Trüffelarten, die auch nördlich der Alpen vorkommen. Die Pilze strömen erst kurz vor der Sporenreife den sehr intensiven, penetranten Geruch aus, der von Tieren, u.a. Wildschweinen, wahrgenommen wird, die sie ausgraben und so zur Vermehrung beitragen. Obwohl der Geschmack dieser Trüffel eher als fade bezeichnet werden kann, erfreut auch sie sich großer Beliebtheit. Besonders in Italien werden diese Pilze sehr teuer gehandelt und zweifellos oft unwissenden Käufern als echte **Schwarze Trüffeln** oder **Perigordtrüffeln** *Tuber melanosporum* angeboten. Diese sündhaft teuren Trüffeln sind äußerlich der S. sehr ähnlich, im Inneren aber tief schwarz und weiß marmoriert.
Zur Gattung *Tuber* zählen etwa 25 Arten. Sie sind knollenartig, glatt bis grobwarzig, hellbraun bis schwarz und innen typisch labyrinthisch marmoriert. Alle sind Mykorrhizapilze.
Die **Mäandertrüffel** *Choiromyces maeandriformis* gehört zu einer verwandten Gattung. Sie ist außen glatt und schmutzig lehmfarben, innen cremeweiß, marmoriert und wächst unter Nadel- und Laubbäumen auf Lehmböden. **RL**

Gelbe Lohblüte, Hexenbutter *Fuligo septica* ungenießbar

Merkmale: <u>Fruchtkörper</u> zunächst schleimig-schaumig, polsterförmig, sich bis über 20 cm flächig ausdehnend, kräftig gelb bis zitronengelb, die Randzone faserig erscheinend und weißlich; älter und reif fest, von einer kissenförmig rundlichen, kalkigen, brüchigen, schmutzig weißen bis grauen Kruste umgeben. <u>Sporenmasse</u> pulverig, hell lilabraun bis schwarzbraun.
Speisewert: Ungenießbar.
Vorkommen: An totem Laub- und Nadelholz, auf Baumstümpfen, bei nasser, feuchter Witterung. Weltweit verbreitet, sehr häufig. III-XI.
Wissenswertes: Aus der Gattung *Fuligo* sind bisher 9 Arten und 4 Varietäten beschrieben.
Die Schleimpilze *Myxomycetes*, zu denen die Lohblüte zählt, umfassen nach heutigem Stand weit über 500 Arten. Die meisten Wissenschaftler stellen diese blattgrünlosen, pilzähnlichen Organismen inzwischen in eine eigene systematische Abteilung, neben die der Echten Pilze, zu denen alle anderen in diesem Buch dargestellten Arten gehören. Das schleimige Gebilde, das wir beobachten können, wird auch Plasmodium genannt und stellt im Wachstumszyklus des Schleimpilzes das vegetative Vermehrungsstadium dar. Es handelt sich um eine weitgehend formlose Masse aus Protoplasma, die man am ehesten mit einem einzelligen Lebewesen, etwa einer Amöbe, vergleichen kann. Diese Masse vermag sich auf dem Substrat fortzubewegen und ernährt sich dabei von Mikroorganismen. Erst in einem späteren, komplizierten Reifestadium verfestigt sich das Plasmodium, um Sporen zu bilden.

> *Verwandt:* Die rosafarbene Plasmamasse des **Blutmilchpilzes** *Lycogala epidendron* ist von einer dünnen Haut umgeben. Später verfestigt sie sich und wird unscheinbar grau.
>
>

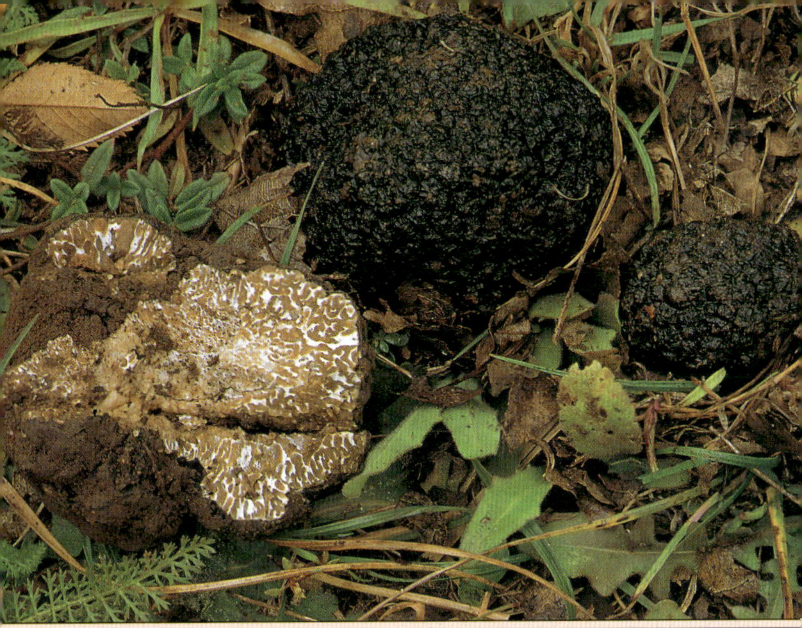

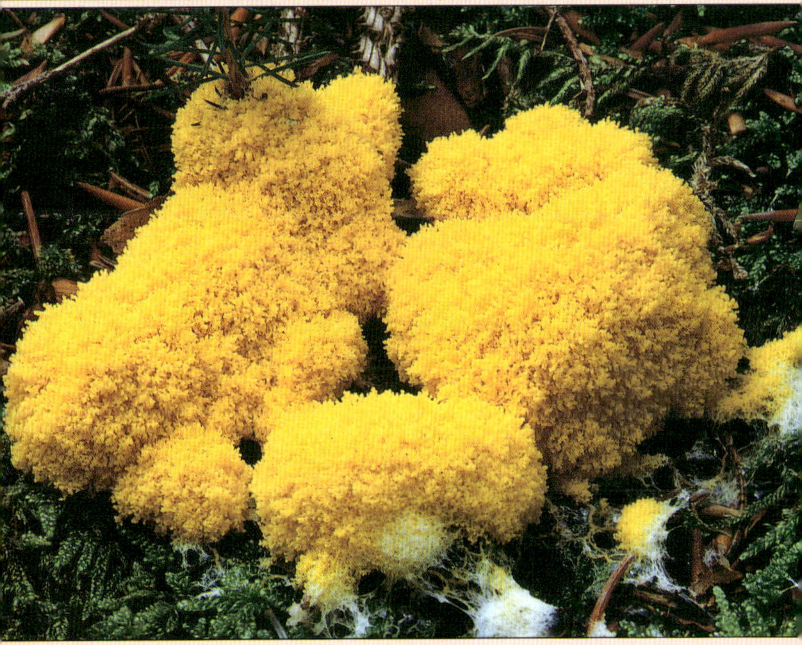

Register A. = Ausfalttafel

Der Halskrausen-Erdstern (Geastrum triplex) bevorzugt nährstoffreiche Humusböden. In Mittelmeerländern ist er bisweilen unter Erdbeerbäumen zu finden, wie die abgefallenen rote Früchte dieses Bildes zeigen. Weitere Erdsterne sind auf Seite 172 beschrieben.

Die Autoren:
HELMUT und RENATE GRÜNERT, beide geprüfte Pilzberater der Deutschen Gesellschaft für Mykologie, geben seit vielen Jahren ihr Wissen und ihre Erfahrung zum Themenkreis Pilze durch Vorträge, Kurse, Sendungen, Buch-Veröffentlichungen und praktische Arbeit in öffentlichen Beratungsstellen einem breiten Publikum von Pilzfreunden und Pilzsammlern weiter. Helmut Grünert ist technischer Leiter eines Krankenhauses.

Der Herausgeber:
GUNTER STEINBACH, geboren 1938, studierte Bildende Künste in Hamburg, war ein Jahrzehnt im Verlagswesen tätig und lebt seit 1978 auf seinem Einödhof im Allgäu. Dort widmet er sich praktisch und publizistisch der heimischen Natur.

Bildquellen:
Die Fotos S. 89.2. und S. 97.1. stammen von RENATO BROTZU, Sardinien, die der Seiten 2, 5 und 7 von GUNTER STEINBACH. Alle übrigen Fotos erstellte HELMUT GRÜNERT. Die Grafiken schuf FRITZ WENDLER, die Farbbilder der Ausfalttafel STEFFEN WALENTOWITZ. Er zeichnete auch die Farbgrafiken der ersten Seiten dieses Bandes.

STEINBACHS NATURFÜHRER:

Klaus Richarz: LANDVÖGEL

Bruno P. Kremer: BÄUME

Bruno P. Kremer: WILDBLUMEN

H. Bellmann: SCHMETTERLINGE

Helmut und Renate Grünert: PILZE

O. und U. Medenbach: MINERALIEN

Die Reihe wird fortgesetzt.

© 2001 Mosaik Verlag München
in der Verlagsgruppe Bertelsmann GmbH/ 5 4 3 2 1

Projektleitung, Bildredaktion, Buchgestaltung und DTP: Gunter Steinbach
Textredaktion: Dr. Helga Hofmann
Umschlaggestaltung: Heinz Kraxenberger, München
Reproduktionen: Artilitho, Trento
Druck: Alcione, Trento
Bindung: Ecoprint, Lavis, Trento

ISBN 3-576-11475-0

Printed in Italy